Immobilien-Erfolg

Echte Werte und Lebensqualität schaffen

Klaus Kempe

Immobilien-Erfolg
Echte Werte und Lebensqualität schaffen

Klaus Kempe

Inhaltsverzeichnis

Vorwort

In diesem Buch geht es um Immobilien. Und darum, wie Sie mit Immobilien erfolgreich sein können. Dabei liegt der Fokus nicht auf irgendwelchen Rechenbeispielen oder Häusern und Wohnungen an sich, sondern darauf, was Sie mit Immobilien erreichen können. Anders ausgedrückt: *Wie Sie mit Hilfe von Immobilien ein erfolgreiches Leben führen können.*

Das eigentliche Ziel ist nicht, Immobilien zu besitzen. Es geht um das, was damit verbunden ist. Etwa finanzielle Freiheit und Unabhängigkeit. Wohlstand. Und ein glückliches Leben. Auf einen Nenner gebracht: *Lebensqualität!*

Doch ist wirkliche Lebensqualität nicht einfach zu erreichen. Unser heutiges Gesellschafts- und Wirtschaftssystem, so fortschrittlich es auch sein mag, ist so konstruiert, dass es Ihnen einen gewissen Gegenwind entgegenbringt. Daher schaffen es die meisten Bundesbürger nicht, ein Leben in Wohlstand und finanzieller Freiheit zu führen. Und sie erreichen nicht die Lebensqualität, die sie anstreben. Doch keine Sorge! Ein Teil dieses Buches ist darauf ausgelegt Ihnen aufzuzeigen, wie Sie diesen Gegenwind in Rückenwind für Ihren Vermögensaufbau verwandeln können.

Kürzlich hörte ich, dass neun von zehn Millionäre mit Hilfe von Immobilien zu Millionären wurden. Das ist durchaus möglich. Natürlich sind Geld und Vermögen nur *ein* Bestandteil eines erfüllten

Lebens, aber ein wichtiger. Finanzielle Probleme sind die Ursache vieler Schwierigkeiten im Leben, trüben die Stimmung, können Beziehungen zerstören und weitere unangenehme Folgen nach sich ziehen. Warum also nicht lieber finanziell erfolgreich sein? Genau! Um das zu erreichen, sind Immobilien ein ideales Werkzeug.

Aber wie genau geht man idealerweise vor? Auf welche Weise gelingt der Einstieg? Und wie macht man weiter? Wovor sollte man sich in Acht nehmen? Und wo zeigen sich die besten Chancen? Das sind einige der Fragen, die wir in diesem Buch beantworten wollen.

Freuen Sie sich darauf, zu erfahren, wie man mit Immobilien erfolgreich sein kann!

Ihr

Klaus Kempe

Düsseldorf, Frühjahr 2018

I. Lebensqualität als Ziel

1. Ein Hauch von Lebensqualität

Geld ist jener sechste Sinn,
der den Genuss der anderen fünf
erst möglich macht.
Orson Welles

Was wollen Sie im Leben erreichen? Welche Ziele streben Sie an? Was ist Ihnen wichtig? Wer ist Ihnen wichtig? Wie wollen Sie leben? Und wo? Während Sie sicher einige ganz individuelle Ziele verfolgen, teilen Sie andere wahrscheinlich mit vielen Menschen. Sie wollen finanzielle Freiheit. Ein Leben in Wohlstand und Gesundheit. Eine glückliche Familie. Gute Freunde, auf die man sich verlassen kann. Manch einer ist ein enthusiastischer Sammler. Ein anderer will reisen und die Welt kennen lernen. Und noch einer will seine spirituellen Grenzen ausloten. Auf einen Nenner gebracht könnte man sagen, dass sie alle eine Sache anstreben: *Lebensqualität!*

Doch was genau ist Lebensqualität? Diese Frage können Sie, was Sie als Individuum betrifft, natürlich nur selbst beantworten. Sie wissen, was Ihnen wichtig ist, was nicht. Auch welche Personen, Tätigkeiten und Dinge Ihnen ein gutes Gefühl vermitteln und welche das Gegenteil bewirken.

Allgemein betrachtet verstehen Menschen unter Lebensqualität eine ganze Reihe von Faktoren.

7

Dazu zählt zum einen *Wohlstand*. Was genau ist damit gemeint? Ein guter Lebensstandard, der sich darin äußert, dass wir genug zu Essen haben, in ausreichend dimensioniertem Wohnraum leben und auch Geld für Urlaub und andere angenehme Dinge zur Verfügung steht. Nun braucht in Deutschland niemand zu hungern oder auf der Straße zu leben. Doch ist Wohlstand natürlich mehr. Er schließt finanzielle Freiheit mit ein, eine gewisse Unabhängigkeit. Wenn man jeden Euro zweimal umdrehen muss, bevor man ihn ausgibt, ist das kein guter Zustand. Selbstverständlich spricht nichts dagegen, sparsam zu sein, es ist aber etwas völlig anderes, wenn man sparen muss! Wohlstand ist, wie viele andere Faktoren auch, natürlich relativ zu beurteilen. Jemand, der bisher in einer 40 Quadratmeter großen Wohnung gelebt hat, wird eine 60-Quadratmeter-Wohnung als angenehme Steigerung empfinden. Für jemanden, der 100 Quadratmeter gewohnt ist, wird es entsprechend mehr Wohnraum sein müssen. Das Gleiche trifft auf Einkommen und Vermögen zu. Daher meine Frage an Sie: Was verstehen Sie unter Wohlstand?

Ein weiterer Aspekt von Lebensqualität ist *Sicherheit*. Wir wollen in einer sicheren Umgebung leben, wo weder uns, noch denen, die wir lieben, etwas zustoßen kann. Dazu zählt, dass wir in einem angenehmen Umfeld leben, in dem es nette Menschen und wenig Kriminalität gibt. Teil von Sicherheit ist es aber auch, sich Dinge leisten zu können, die dem Überleben förderlich sind, etwa ein Auto mit entsprechend hohen Sicherheitsstandards. Im Jahr sterben in Deutschland rund

4.000 Menschen im Straßenverkehr. Das ist viel weniger als noch vor wenigen Jahrzehnten, aber trotzdem viel zu viel. Ein großer Teil der deutschen Bevölkerung hat Angst vor Terrorismus, fühlt sich dadurch verunsichert. Natürlich ist es schrecklich, wenn Menschen andere Menschen absichtlich töten. Die wirkliche Macht des Terrors liegt aber in der Angst, die er auslöst. Im Verhältnis zur Anzahl der Verkehrstoten ist die Zahl der Opfer des Terrors in Deutschland extrem niedrig. Das soll nicht bedeuten, dass Terrorismus nicht schrecklich ist oder wir nichts dagegen unternehmen sollten, es soll nur das Verhältnis aufzeigen. In gewisser Weise sind die Medien nicht ganz unschuldig daran, dass Terroristen erreichen, was sie wollen, nämlich Angst zu verbreiten. Eine Konzentration auf gute Nachrichten könnte ein Ansatz sein, dem entgegen zu wirken und uns ein Gefühl von Sicherheit zu bescheren.

Wichtig ist natürlich auch *Gesundheit*. Was nützt es lange zu leben, wenn man die ganze Zeit Schmerzen hat? Die körperliche Verfassung ist daher von großem Interesse. Dank moderner Medizin und unseres technologischen Fortschritts steht es um die Gesundheit des durchschnittlichen Deutschen recht gut. Klar, wir alle werden älter und haben mit den entsprechenden Alterungsprozessen zu kämpfen. Aber damit sind wir immer noch besser dran, als jene Menschen in Ländern der Dritten Welt, die nicht wirklich alt werden und nicht einmal das Rentenalter erreichen.

Ein Faktor, der oft übersehen wird, ist die Fähigkeit zu helfen. Anderen *Hilfe* zuteil werden zu lassen ist ein wichtiger Aspekt unseres Lebens. Wir ziehen Kinder auf und helfen ihnen. Mit unserer Arbeit helfen wir anderen Menschen, sei es dadurch, dass wir ihnen etwas zu essen geben, sie transportieren, ihnen Wohnraum zur Verfügung stellen, sie informieren oder sonst wie. Jede Arbeit dient dazu, jemandem oder etwas zu helfen. Menschen, die nicht in der Lage sind, andere zu helfen, sind ziemlich schlecht dran.

Lebensqualität umfasst nicht nur rein materielle Faktoren. Wie sieht es mit *Stolz* und *Zufriedenheit* aus? Stolz auf geleistete Arbeit oder etwas, das man erreicht hat? Zufriedenheit mit seinem Leben, dem was man getan hat oder gerade tut? Es fühlt sich gut an, Hindernisse zu überwinden. Etwas aufzubauen. Oder etwas zu wagen und dadurch zu gewinnen. Wer einzig und allein geld- oder machtmotiviert ist, dabei Ethik und Ehre vernachlässigt und anderen Menschen keinen Respekt zollt, wird niemals wirklich stolz und zufrieden sein. Es kommt also nicht nur darauf an, dass man Wohlstand, finanzielle Freiheit und Unabhängigkeit erreicht, sondern auch, wie man das anstellt.

Wie Sie sehen, umfasst Lebensqualität viele Faktoren. Dabei gilt es eine Sache zu beachten: Diese Faktoren sind nicht statisch. Anders ausgedrückt: Sie verändern sich und können verändert werden. Sie können also kontinuierlich daran arbeiten, Ihre persönliche Lebensqualität zu verbessern. Tatsächlich macht das Arbeiten daran, etwas zu erreichen, gewöhnlich mehr Spaß, als sich mit dem Erreichten zufrieden zu geben und sich auf seinen Lorbeeren auszuruhen.

Mein Tipp: Verfolgen Sie Ihre Ziele! Arbeiten Sie kontinuierlich an deren Erreichung! Machen Sie einen Schritt nach dem anderen! Und lassen Sie es sich gut gehen!

Ein Blick in die Vergangenheit

Früher war alles besser. Zumindest hört man das ab und an. Aber was genau ist dieses *früher*? Etwa die Zeit, als die alten Germanen viele Götter verehrten und sich gern mit den Römern anlegten? Oder die Epoche des Feudalwesens, wo die Adeligen in ihren Burgen lebten und die Bevölkerung zu Leibeigenen gemacht hatte? Den ersten wirklichen Hoffnungsschimmer am Ende des dunklen Mittelalters stellten die Städte dar, die damals entstanden. „Stadtluft macht frei!" hieß es damals. Ein erster Hauch von Freiheit nach vielen Jahrhunderten der Knechtschaft.

Als das Deutschland, das wir heute kennen, in viele Grafschaften und Fürstentümer aufgeteilt war, lebte es sich in unseren Landen nicht besonders gut. Reisen war beschwerlich. Und ein Zehn-Stunden-Arbeitstag war auch nicht wirklich Grund zur Freude. Aber es wurde mit der Zeit besser. Die Kirche verlor an Einfluss und die Wissenschaft machte Fortschritte, insbesondere im 19. und 20. Jahrhundert. Die Kontrolle und Nutzung des Stroms brachte uns viele Annehmlichkeiten. Und das Automobil die Möglichkeit, selbständig an nahe gelegene oder weit entfernte Orte zu fahren. Mit der Entwicklung der Luftfahrt machten wir in Sachen Mobilität einen weiteren Schritt nach vorn. All die Errungenschaften des 20. Jahrhunderts aufzuzählen, die unser Leben heute angenehmer machen, würde ein ganzes Buch füllen.

Nachdem wir Deutschen unsere letzte große Zeit des Leidens, den Zweiten Weltkrieg, hinter uns gelassen hatten, waren viele Menschen mittellos geworden. Der Krieg hatte ihnen Freunde, Verwandte und auch Vermögen genommen. Doch damit wollten sich unsere Eltern, Großeltern und deren Eltern nicht abfinden. Sie legten sich in die Riemen, bauten unser Land wieder auf und schafften das Unglaubliche: ein echtes Wirtschaftswunder! Vielleicht ist das die Zeit, auf die man gern als „früher" Bezug nimmt, denn damals ging es für die meisten Deutschen steil bergauf. Das heißt aber nicht, dass wirklich alles gut war. Der Lebensstandard der 1950er und 1960er Jahre ist mit dem heutigen kaum vergleichbar. Wer hatte damals schon ein eigenes Auto? Fließendes warmes Wasser? Oder auch nur eine vernünftige Toilette? Denken Sie auch an die Arbeitszeiten, die weit über den heutigen lagen. Und was die durchschnittliche Lebenserwartung angeht: Die lag damals mehrere Jahre unter der gegenwärtigen.

Es war nicht wirklich alles besser, keineswegs. Allerdings ging es bergauf, was sich immer gut anfühlt. Darüber hinaus wurde damals der Grundstein für unseren heutigen Wohlstand gelegt.

Wussten Sie, dass die rechtlichen Voraussetzungen dafür, Eigentumswohnungen zu schaffen, tatsächlich erst nach dem Zweiten Weltkrieg geschaffen wurden? Davor konnte man zwar Häuser besitzen, aber keine einzelnen Wohnungen innerhalb von Häusern. Mit der Schaffung von Eigentumswohnungen wurde einer breiten Schicht der Bevölkerung die Möglichkeit gegeben, sich Grundbesitz anzueignen. Mit Kranken- und Rentenkassen wurde das soziale Netz, auf das wir Deutschen so stolz sind, aufgebaut. Und dank moderater Regierungen haben wir seitdem nicht mehr aktiv an einem Krieg teilgenommen.

Heute ist Deutschland eines der produktivsten Länder der Erde. Wir waren kürzlich sogar Exportweltmeister. Der Begriff „Made in Germany", der von den Alliierten anfangs eher als Warnung vor deutschen Produkten gedacht war, wurde zu einem weltweit anerkannten Gütesiegel. Zusammen mit China, Japan und den USA zählen wir zu den produktivsten Nationen der Welt.

Jammern auf hohem Niveau
Natürlich ist unser Leben trotz all dieser Fortschritte nicht perfekt. Wir müssen uns als Individuen, Familien und als Gesellschaft immer wieder neuen Herausforderungen stellen. Die Wiedervereinigung hat viel Geld gekostet und auch jetzt noch belastet der Solidaritätsbeitrag den Einzelnen und Gemeinden. Aber: Deutschland ist wieder vereint und der Zwist zwischen Ost und West eingedämmt.

Das Projekt „Europa" ist immer wieder für Überraschungen gut. Länder treten der Gemeinschaft bei, andere, wie England, wollen austreten. Mit über zwanzig Nationen, die alle individuelle Ziele verfolgen und sich noch dazu als Gemeinschaft auf globaler Ebene beweisen müssen, werden sicher noch einige Jahrzehnte vergehen, bis Europa wirkliche Stabilität erlangt. Dabei ist dieses „Projekt" für alle Europäer und uns Deutsche von enormer Wichtigkeit, denn es soll unter anderem den Frieden in Europa sichern. Nach den vielen Kriegen, die auf unserem Kontinent in den letzten Jahrhunderten geführt wurden, ein erstrebenswertes Ziel. Und was all die Kritiker betrifft, die meinen, dass der Preis, den wir für ein geeintes Europa zahlen, zu hoch ist: Krieg ist weitaus teurer!

Neben Problemen auf internationaler Ebene, wie dem Syrienkonflikt und der politischen Veränderung in der Türkei, haben wir auch in Deutschland und Europa einiges zu bewältigen. Da wäre der immer weiter auseinander klaffende Spalt zwischen Arm und Reich zu nennen. Während der Mittelstand bröckelt, verarmen mehr Menschen und die Reichen werden immer reicher. Hinzu kommt, dass das Rentenniveau sinkt, was sich mit der zunehmenden Alterung der deutschen Bevölkerung noch verschlimmern könnte. Das kann für soziale Spannungen sorgen. Unsere Politiker waren in der Vergangenheit nicht vorausschauend genug, um das zu erkennen. Oder sie konnten oder wollten es nicht ändern. Es lag eher in ihrem Interesse, die Bevölkerung ruhig und zufrieden zu halten, als effektive Maßnahmen zu unternehmen. Aussagen wie „Die Renten sind sicher" sorgen eine gewisse Zeit für Ruhe, nur sagen sie nichts über die Höhe der Renten aus und stellen auch keine wirkliche Lösung für die Rentenproblematik dar.

Dann hat uns der Syrienkonflikt Millionen von Flüchtlingen beschert, über die in Deutschland und Europa gespaltene Meinungen herrschen. Letztlich führte diese Entwicklung zu einem Rechtsruck in Europa, dessen Auswirkungen noch nicht absehbar sind.

Ich könnte noch weitere Probleme und Konfliktthemen aufzählen, aber ich denke, es reicht. Es gibt immer etwas zu verbessern. Natürlich, unsere Welt ist nicht perfekt und unser Land ist es auch nicht. Kein Wunder also, dass einige Deutsche gerne jammern. Aber ganz ehrlich: Es handelt sich um Jammern auf hohem Niveau!

Wie schreibt Dieter Nuhr in seinem Buch *Die Rettung der Welt* über die beiden ersten mentalen Gesetze der Deutschen: „§1 Die Welt ist schlecht und §2 Es wird immer schlimmer". Das trifft sicher nicht auf die gesamte Bevölkerung zu, aber wenn man den Medien Glauben schenkt, ist das tatsächlich der Grundtenor der Deutschen. Ich für meinen Teil sehe das nicht so. Und ich kenne viele Menschen, die positiv in die Zukunft sehen. Es hängt in erster Linie von der eigenen geistigen Verfassung ab, ob man das berühmte Glas als halb leer oder halb voll betrachtet.

Ich denke, dass vor allem die jungen (und geistig jung gebliebenen) Menschen in Deutschland positiv in die Zukunft sehen. Sie haben Ziele, verfolgen sie und arbeiten an ihrer Zukunft und an unser aller Zukunft. Für diese Menschen habe ich dieses Buch geschrieben, um sie dabei zu unterstützen, ihre Ziele mit weniger Aufwand zu erreichen. Wenn Sie sich also zu dieser Gruppe zählen, willkommen! Sie können sich auf einige interessante Fakten freuen! Auf Strategien für effektiven Vermögensaufbau. Und auf Methoden, Ihre Lebensqualität zu steigern!

Zusammenfassung:

1. Folgende Faktoren machen gemeinhin Lebensqualität aus:
- Wohlstand
- Sicherheit
- Gesundheit
- Stolz und Zufriedenheit

2. Das Arbeiten daran, etwas zu erreichen, macht gewöhnlich mehr Spaß, als sich mit dem Erreichten zufrieden zu geben und sich auf seinen Lorbeeren auszuruhen.

3. Mein Tipp: Verfolgen Sie Ihre Ziele! Arbeiten Sie kontinuierlich an deren Erreichung! Machen Sie einen Schritt nach dem anderen! Und lassen Sie es sich gut gehen!

4. Unser Leben ist trotz all der Fortschritte der letzten Jahrhunderte nicht perfekt. Aber es geht uns weitaus besser als den Menschen in vielen anderen Ländern.

2. Erfolg mit Immobilien

Geld ist nicht die Hauptsache,
Gesundheit ist vielmehr,
die Ehre aber ist alles.

Heinrich Heine

Was halten Sie davon, sich mit Immobilien ein Zusatzeinkommen aufzubauen? Eines, das vielleicht sogar höher ist als Ihre gesetzliche Rente? Oder eines, das zwei, drei oder vier Ihrer jetzigen Gehälter ausmacht? Einen kontinuierlichen Geldfluss, der Ihnen finanzielle Unabhängigkeit beschert, wodurch Sie in der Lage sein werden, ein selbstbestimmtes Leben mit hoher Lebensqualität zu führen?

Zunächst einmal: Das ist möglich! Egal, ob wir uns in einer Niedrigzinsphase befinden oder die Zinsen für Immobilienkredite vier, fünf oder sechs Prozent betragen, es ist möglich. Jede Phase hat ihre eigenen Besonderheiten. Aber es ist immer möglich, in profitable Immobilien zu investieren.

Dabei gilt es eine Sache zu bedenken:

Erfolg mit Immobilien ist kein Selbstzweck. Es handelt sich um ein Mittel zum Zweck. Und was Sie betrifft, ist der Zweck gesteigerte Lebensqualität.

Wichtig ist, dass Sie zunächst einmal die <u>Möglichkeit</u> in Betracht ziehen, in Immobilien zu investieren. Manche Menschen schrecken davor zurück, sich Grundbesitz anzuschaffen. Es gibt

19

dafür viele Gründe. Manch einer lebt lieber vom „Sozialamt" und das geht natürlich nicht mehr, wenn man umfangreiches Immobilienvermögen besitzt. Ein anderer scheut die relativ hohen Kaufpreise, wobei Eigentumswohnungen, insbesondere für den Einstieg, oft weniger kosten als ein neuer Mittelklassewagen. Einige halten die Materie für zu kompliziert und zahlen daher lieber in eine „einfache" Kapitalanlage ein, etwa eine Kapitallebensversicherung oder einen Bausparvertrag. Klar, das ist einfacher, aber bei Weitem nicht so lohnenswert. Warum? Es gibt mehrere Gründe. Einer ist die Inflation. Ein anderer ist die Hebelwirkung von Immobilien, wobei mit relativ wenig Eigenkapital relativ viel Geld bewegt wird. Doch dazu später mehr.

Immobilien einfach zu ignorieren bedeutet, enorme Chancen ungenutzt verstreichen zu lassen. Sich mit der Materie auseinanderzusetzen ist, wenn man erst einmal damit angefangen hat, nicht schwer. In Deutschland existieren rund 41 Millionen Wohneinheiten. Ein riesiger Markt, der sich zu 98 Prozent in der Hand von Privatpersonen befindet. Dabei ist davon auszugehen, dass der Großteil dieser Eigentümer, was Immobilien angeht, Laien sind. Sie nennen zwar Grundbesitz ihr eigen und verfügen über rudimentäres Wissen, haben aber keine Ahnung, wie man Immobilien wirklich nutzen kann, um finanziell erfolgreich zu sein. Denken Sie nur an diejenigen, die Eigentümer ihrer eigenen vier Wände sind. Sie haben den ersten Schritt getan und sich Grundbesitz angeschafft, aber das ist auch alles. Während das besser als nichts ist, vertun auch sie die Chance, mit Immobilien wirklich erfolgreich zu sein.

Der deutsche Immobilienmarkt ist, was unseren Kontinent betrifft, einmalig. Es gibt nirgendwo in Europa unter der Bevölkerung einen so hohen Anteil an Mietern wie bei uns. Griechen, Italiener, Franzosen und all unsere anderen „Nachbarn" haben mehr selbstgenutztes Immobilieneigentum als wir. Rund 40 Prozent der Deutschen sind Eigentümer, entsprechend sind etwa 60 Prozent Mieter. Die Mieter sind es, die den Eigentümern des von ihnen genutzten Wohnraums Miete zahlen müssen, und zwar tendenziell immer mehr, denn in den meisten Regionen Deutschlands steigen die Mieten. Gewöhnlich sogar mehr als die Löhne und Gehälter, wodurch Mieter einen immer größeren Teil ihres Einkommens für Miete ausgeben müssen. Besonders in Ballungszentren wie Berlin, Hamburg, Düsseldorf, Frankfurt, München und anderen wird dies deutlich, aber auch in kleineren Städten ziehen die Mieten an. Diese Entwicklung zu erkennen und zu verstehen ist ein wichtiger Schritt auf dem Weg zum Immobilien-Erfolg. Sie müssen sich eines fragen: Wollen Sie langfristig gesehen Mieter sein? Oder lieber Vermieter? Möchten Sie unter dieser Entwicklung leiden? Oder davon profitieren?

Ich selbst bin schon etwa 50 Jahre im Immobilienbereich tätig. Aber das ist nur eine Zahl. Entscheidend ist für mich, dass ich immer noch jeden Tag voller Interesse an der Materie beginne und Freude daran empfinde, zu realisieren, was ich mir vorgenommen habe. In den letzten Jahrzehnten habe ich einiges erlebt. Neben meiner Tätigkeit als Makler und Bauträger habe ich privat mehr oder weniger jedes Jahr Immobilien gekauft und meinen Bestand weiter aufgebaut. Natürlich habe ich ab und an auch Häuser oder Wohnungen verkauft. Aber tendenziell habe ich daran gearbeitet, mein privates Immobilienvermögen zu vergrößern. Und was soll ich sagen: Es hat sich gelohnt! Und wie!

Das Know-how, das ich Ihnen in diesem Buch vermitteln will, entspringt nicht reiner Theorie, sondern solider Praxiserfahrung. Ich weiß, was wichtig ist und was nicht, wie der Markt funktioniert und wie man die richtigen Entscheidungen trifft. Im letzten Jahr wurden in Deutschland für rund 300 Milliarden Euro Immobilien gehandelt. Das ist viel Geld. Und sicher haben daran viele Personen gut verdient. Dabei gab es gute und schlechte Deals, wobei ich schätze, dass die guten mit etwa 80 Prozent Anteil die Mehrheit ausgemacht haben. Wenn Sie mit Immobilien erfolgreich sein wollen, müssen Sie lernen, die guten Deals zu erkennen und sie für sich zu nutzen. Dabei soll Ihnen dieses Buch das nötige Know-how vermitteln, Ihnen helfen, die richtigen Entscheidungen zu treffen.

Apropos *Entscheidungen*: Das ist einer der Knackpunkte beim Thema Erfolg. Und ebenso, wenn es um Immobilien geht. Soll ich oder soll ich nicht? Neben dem Analysieren von Fakten sind es oft die *Emotionen*, die einer vernünftigen Entscheidung im Weg stehen. Man hat Angst, fühlt sich unsicher, will lieber abwarten und trifft letzten Endes gar keine Entscheidung. Entsprechend lässt man sein Leben einfach weiterlaufen, ändert nichts und wird nicht wirklich erfolgreich. Während manch einer davon ausgeht, dass er keinen Fehler machen kann, wenn er nichts macht (und somit auch keine Entscheidungen trifft), bin ich diesbezüglich anderer Meinung. Chancen ungenutzt verstreichen zu lassen, ist definitiv ein Fehler!

Manchmal findet man nicht gleich eine passende Immobilie und muss die Entscheidung über den Kauf daher aufschieben. Entsprechend ist ein wenig *Ausdauer* und *Geduld* gefragt. Immobiliengeschäfte brauchen Zeit. Es dauert Monate, ein passendes Objekt zu finden, die Finanzierung zu klären und es zu kaufen. Dann wird es gewöhnlich mehrere Jahre vermietet, bevor es eventuell verkauft wird. Damit unterscheiden sich Immobilien etwa vom Aktienmarkt, auf dem man teilweise täglich auf die Kurse achtet. Entsprechend ist der Immobilienmarkt eher für besonnene und ruhige Gemüter geeignet.

Natürlich sollte man Entscheidungen aufgrund von *Fakten* treffen. Man muss bei Immobilien Risiko und Nutzen gegeneinander aufwiegen. Entscheidet man sich dazu, Vermieter zu werden, geht man ein unternehmerisches Risiko ein. Wie hoch werden die Kosten sein? Und wie hoch die Einnahmen? Was kann man kurz-, mittel- und langfristig mit der Immobilie anfangen? Wird sie langfristig vermietbar sein? Kann ich sie später mit Gewinn veräußern? All das sind Fragen, über die man sich

Gedanken machen muss. Ich selbst habe mir diese Fragen Hunderte von Malen stellen müssen. Entsprechend kann ich Ihnen im Verlauf dieses Buches einige wertvolle Tipps geben.

Darüber hinaus sind Fragen der folgenden Art zu beantworten: Was sind Ihre Wünsche? Was bietet der Markt? Wie können Sie sich dem Markt annähern? Welche Kompromisse sind notwendig? Was können Sie sich leisten? Wie können Sie die Immobilie prüfen und ihren Wert einschätzen? Wie können Sie Wünsche, Angebote und Möglichkeiten in Einklang bringen? Einige dieser Fragen müssen Sie selbst beantworten. Bei anderen möchte Ihnen dieses Buch praxisnahe Antworten geben.

Es geht hier nicht um theoretisches Geschwafel. Ich will Ihnen das Handwerkszeug zur Verfügung stellen, mit dem Sie für sich selbst Ihre Lebensqualität durch Erfolg mit Immobilien steigern können.

Wichtig ist mir, dass Sie die sich Ihnen hierdurch bietende Chance erkennen und daraus für sich selbst die richtigen Entscheidungen ableiten, um Ihre Lebensqualität zu verbessern. Dann können Sie ursächlich dafür sorgen, dass Ihre Zukunft weitaus rosiger aussieht.

Zusammenfassung:

1. Erfolg mit Immobilien ist kein Selbstzweck. Es handelt sich um ein Mittel zum Zweck. Und was Sie betrifft, ist der Zweck gesteigerte Lebensqualität.

2. Immobilien einfach zu ignorieren bedeutet, enorme Chancen ungenutzt verstreichen zu lassen.

3. Sie müssen sich eines fragen: Wollen Sie langfristig gesehen Mieter sein? Oder lieber Vermieter? Möchten Sie unter der Entwicklung auf dem Wohnungsmarkt leiden? Oder davon profitieren?

4. Entscheidungen sind einer der Knackpunkte beim Thema Erfolg. Während manch einer davon ausgeht, dass er keinen Fehler machen kann, wenn er nichts macht (und somit auch keine Entscheidungen trifft), bin ich diesbezüglich anderer Meinung. Chancen ungenutzt verstreichen zu lassen, ist definitiv ein Fehler!

5. Bei Immobiliengeschäften sind *Ausdauer* und *Geduld* gefragt. Es dauert Monate, ein passendes Objekt zu finden, die Finanzierung zu klären und es zu kaufen. Entsprechend ist der Immobilienmarkt eher für besonnene und ruhige Gemüter geeignet.

6. Natürlich sollte man Entscheidungen aufgrund von *Fakten* treffen. Man muss bei Immobilien Risiko und Nutzen gegeneinander aufwiegen.

Entscheidet man sich dazu, Vermieter zu werden, geht man ein unternehmerisches Risiko ein.

7. Wichtig ist mir, dass Sie die sich Ihnen durch Immobilien bietende Chance erkennen und daraus für sich selbst die richtigen Entscheidungen ableiten, um Ihre Lebensqualität zu verbessern.

3. Wie wird man eigentlich erfolgreich?

Denke nach und werde reich.

Titel eines Buchs von Napoleon Hill

Erfolg besteht laut Definition daraus, das zu erreichen, was man angestrebt hat. Misserfolg ist das Gegenteil. Es bedeutet, dass man ein Ziel nicht erreicht hat. So viel zu den grundlegenden Definitionen.

Aber wie genau erlangt man Erfolg? Wie kann man im Leben erfolgreich sein? Und was verhindert das?

Zunächst einmal muss man etwas haben, das man erreichen will. Ist das nicht der Fall, kann man logischerweise nicht erfolgreich sein. Viele Menschen, die das Leben in jungen Jahren voller Begeisterung in Angriff genommen haben und einiges erreichen wollten, haben diese Ziele im Laufe des Lebens entweder erreicht oder aus den Augen verloren. Irgendwann sind sie mehr oder weniger „erfolgreich", blicken auf ihr Leben und sind unzufrieden. Sie kaufen sich einen Porsche oder eine Yacht, fühlen aber trotzdem eine gewisse Leere in sich, die sie nicht ausfüllen können. Das wird beispielsweise Midlifecrisis genannt. Oder Burn-out. Aber wie man es auch immer bezeichnen mag, sie haben keine wirklichen Ziele mehr, die sie motivieren und antreiben.

Was benötigt man, um diesen Zustand zu beheben?

Ziele! Neue (oder wiederbelebte alte) Ziele!

Ziele sind es, die uns antreiben und eine Zukunft geben. Sie motivieren uns. Ohne sie gibt es keinen Grund, auf eine Zukunft hinzuarbeiten oder eine zu planen.

Geld als Ziel
Viele Menschen verfolgen das Ziel reich zu sein. Sie wollen Geld haben, genug Geld, viel Geld. Dabei übersehen sie gewöhnlich einen wichtigen Aspekt: Geld ist nur Mittel zum Zweck. Die wirklich wichtige Frage lautet: Was wollen Sie mit dem Geld anfangen? Finanziell unabhängig sein? Ein sorgloses Leben führen? Keine Geldsorgen haben? Karitativ tätig sein? Anderen Menschen helfen?

Wie auch immer, Geld ist kein Selbstzweck, nur ein Mittel zum Zweck. Das gilt genauso für Immobilien. Auch sie sind nur Mittel zum Zweck.

Ziele in den verschiedenen Lebensbereichen
Gewöhnlich verfolgt man im Leben nicht nur ein Ziel. Es sind viele Dinge, die man erreichen will. Und sie erstrecken sich über verschiedene Lebensbereiche. Natürlich ist die Art, Intensität und Ausrichtung der Ziele von Mensch zu Mensch verschieden. Manch einer ist eher egozentrisch eingestellt und hat nur seinen eigenen Vorteil im Sinn. Andere sind Familienmenschen und noch andere helfen am liebsten Menschen in der Dritten Welt.

Nachdem sie einen Lebenspartner gefunden oder geheiratet haben, liegt für viele der Fokus darauf, Kinder in die Welt zu setzen und aufzuziehen. Ist das erledigt und sind die Kinder aus dem Haus, ist dieses Ziel erreicht. Wenn es das einzige oder wichtigste im Leben war, fällt es damit weg und die Folge kann eine Leere sein, wie sie weiter oben beschrieben wurde.

Was hilft dagegen?

Ziele! Neue (oder wiederbelebte alte) Ziele!

Lassen Sie uns das nicht nur theoretisch betrachten, sondern gleich in die Praxis umsetzen. Nehmen Sie sich ein Stück Papier, alternativ Ihr Notebook oder Tablet, und schreiben Sie die Ziele auf, die Sie im Leben hatten und auch aktuell noch haben. Es kann etwas Zeit nötig sein, sich an alle zu erinnern. Manche sind vergraben, tief vergraben. Aber wenn Sie sich mit dem Thema beschäftigen, fallen Ihnen viele bestimmt wieder ein. Schreiben Sie alle auf, große und kleine.

Markieren Sie dann jene, die Sie bereits erreicht haben. Etwa den Schulabschluss. Oder die Berufsausbildung. Vielleicht auch das Finden des passenden Lebenspartners. All das.

Betrachten Sie dann die Ziele, die Sie noch nicht erreicht haben. Sind sie noch aktuell? Oder müssen einige aufgrund der geänderten Lebensumstände modifiziert oder gestrichen werden?

Natürlich können Sie auch neue Ziele hinzufügen. Das Leben ändert sich. Und wer weiß, vielleicht wollen Sie jetzt etwas anderes erreichen als vor zehn oder zwanzig Jahren.

Wenn Sie das gemacht haben, verfügen Sie über eine gute Ausgangsbasis für Ihren Erfolg, denn Sie haben sich das, was Sie wollen, vor Augen geführt, es sich erneut vergegenwärtigt.

Verfeinern Sie Ihre Ziele
Noch ein Tipp zur Ausarbeitung beziehungsweise Formulierung Ihrer Ziele. In vielen Fällen kann es sinnvoll sein, diese detailliert auszuarbeiten. Statt „Ein neues Auto" sollten Sie eine genauere Beschreibung wie „Ein Jahreswagen der neuen E-Klasse mit mindestens 140 PS" verwenden, wenn das der Wagen ist, den Sie haben wollen.

Auch Ziele wie „Finanzielle Freiheit" sollten konkreter ausgearbeitet werden. Was bedeutet das für Sie? Reicht Ihnen eine monatliche Rente von 1.000 Euro, um finanziell frei zu sein? Oder brauchen Sie eine Million auf dem Konto? Tatsächlich kann ein solch großes Ziel in mehrere kleine Ziele unterteilt werden wie zum Beispiel „200.000 Euro Reserve auf verschiedenen Konten", „Ein Immobilienvermögen von 500.000 Euro, das im Jahr 25.000 Euro Gewinn abwirft" und „Ein lastenfreies Haus in guter Lage", etc.

Um noch konkreter zu werden, sollten Sie sich ebenfalls vornehmen, *wann* Sie Ihre jeweiligen Ziele erreichen wollen. Das wird oft übersehen, was dazu führen kann, dass man eine halbe Ewigkeit an einem kleinen Ziel arbeitet. Der Faktor Zeit ist eng mit Erfolg verbunden. Es ist nicht schwer, eine Million zu verdienen, wenn man dafür 40 Jahre Zeit hat. Das schafft jeder normale Arbeiter. Eine Million in zehn Jahren zu verdienen ist schon etwas ganz anderes.

Wenn Sie zu allgemeine Ziel anstreben, bekommen Sie letzten Ende vielleicht nicht das, was Sie eigentlich haben wollten. Ein neues Auto kann auch ein Fiat Cinquecento sein.

Fazit: *Ziele exakt auszuarbeiten hilft dabei, sie genau zu visualisieren, sie sich vorstellen zu können.*

Neue Ziele anvisieren
Ein Mann, der in der Finanzdienstleistungsbranche überaus erfolgreich war, benutzte ein paar interessante Tricks, um mit seinen Zielen umzugehen. Zum einen führte er immer eine Liste derselben mit sich, die er sich von Zeit zu Zeit anschaute, um seinen Fokus auf diese Ziele ausgerichtet zu halten.

Darüber hinaus war er sich der Tatsache bewusst, dass zu erreichende Ziele Energie geben, erreichte Ziele aber nicht. Also überlegte er sich, schon bevor er ein Ziel erreicht hatte, welches Ziel er anschließend ansteuern wollte. Das ist eine Sache, die viele Leute vergessen, nämlich sich neue Ziele zu suchen, wenn sie die alten erreicht haben. Damit schon zu beginnen, bevor man ein Ziel erreicht hat, ist ein ziemlich guter Trick.

Die Zeit wird knapp!

Oft leben wir nur einfach in den Tag hinein und gehen davon aus, dass wir viel Zeit haben, um unsere Ziele zu erreichen. Wenn man im Laufe des Lebens nicht irgendwann innehält, ist man plötzlich Rentner und fragt sich, was mit all der Zeit geschehen ist.

Eine interessante Technik, um herauszufinden, was einem wirklich wichtig ist, besteht darin, zu überlegen, was man machen würde, wenn man nur noch eine begrenzte Zeit zur Verfügung hätte. Konkret gefragt: Was würden Sie tun, wenn Sie nur noch ein Jahr zu leben hätten? Nehmen Sie sich ein wenig Zeit, um darüber nachzudenken. Und notieren Sie die Antworten. Sie werden überrascht sein, wie sich Ihre Einstellung zum Leben ändert, wenn Sie wissen, dass Sie nicht mehr viel Zeit haben.

Steve Jobs hat dies einmal in einem Vortrag an Studenten erwähnt. Er hatte Krebs und wusste in etwa, wie lange er noch leben und wie viel Zeit ihm noch bleiben würde, um Dinge zu erreichen. Das hat seinen Fokus auf das Wesentliche gerichtet.

Sie müssen nicht todkrank sein, um sich dieser Technik zu bedienen, Gott bewahre. Es geht einfach darum, seine Konzentration auf die Dinge zu richten, die einem wichtig sind, die Ihnen wichtig sind!

Gewusst wie

Wenn man das Ziel kennt, muss man als Nächstes wissen, wie man es erreichen kann. Dazu ist *Planung* nötig. Und einschlägiges *Know-how*. Aber welches genau? Das ist abhängig vom Ziel. Um ein Auto zu bauen, ist natürlich ganz anderes Fachwissen nötig als bei der Verführung des zukünftigen Lebenspartners. Kindererziehung wird schwer, wenn man versucht, die Prinzipien der Vermögensbildung darauf anzuwenden.

Es existiert eine Menge Know-how, um Ziele zu erreichen. Deutschland ist ein Hochtechnologieland. Als Volk verfügen wir über enormes Fachwissen. Das ist schön und gut, doch welches Know-how benötigen *Sie*, um Ihre Ziele zu erreichen?

Im Rahmen dieses Buches will ich Ihnen ein wenig Know-how zum Thema Vermögensbildung mit auf den Weg geben. Aufgrund meiner Erfahrung in der Branche liegt dabei der Fokus auf Immobilien als Werkzeug, um das zu erreichen. Ich werde aber ebenfalls auf Geldanlagen eingehen, nur, um Ihnen einen Überblick zu verschaffen und Ihnen ein wenig Orientierung zu geben.

Ehrlich währt am längsten ...

Es erübrigt sich vielleicht, es zu erwähnen, aber ich will kurz auf das Thema *Ehrlichkeit* eingehen. Es mag sich eine Situation ergeben, in der Sie mit ein wenig Unehrlichkeit oder dadurch, dass Sie jemanden übervorteilen, schneller ans Ziel gelangen. Ganz ehrlich: Tun Sie es nicht! Der Vorteil, den Sie auf diese Weise realisieren, ist nichts gegen das schlechte Gewissen, das damit verbunden ist.

Natürlich kann man Fehler machen, das ist Teil des Lebens. Man sollte, soweit möglich, daran arbeiten, sie wieder gut zu machen. Verfallen Sie aber nicht dem Irrtum, dass Unehrlichkeit Sie schneller zum Ziel bringt und somit Ihrer Lebensqualität förderlich wäre. Das ist nämlich nicht der Fall!

Selbst ist der Mann (oder die Frau)!
Was zeichnet einen erfolgreichen Menschen aus? Er kennt seine Ziele. Natürlich. Und er arbeitet ursächlich daran, sie zu erreichen! Erfolg kommt nicht von selbst. Er stammt nicht von den Eltern, den Lehrern, Ausbildern, dem Lebenspartner oder irgend jemand anderem. Man darf nicht darauf warten. *Erfolgreich ist derjenige, der daran arbeitet, erfolgreich zu sein!*

Es sind nicht irgendwelche Tricks, die einen erfolgreich werden lassen. Auch nicht das Warten auf die eine gute Gelegenheit, die einen reich werden lässt. *Es ist konsequentes und unermüdliches Arbeiten an den eigenen Zielen!*

Ich selbst habe es geschafft, finanziell unabhängig zu werden. Schon vor vielen Jahren habe ich dieses Ziel erreicht. Doch kam das nicht von ungefähr. Ich habe 60 oder mehr Stunden in der Woche daran gearbeitet. Auch jetzt arbeite ich noch Vollzeit, obwohl ich vom Alter her eigentlich schon in Rente bin. Das mache ich zum einen, weil ich immer noch Ziele habe, die mich dazu motivieren. Zum anderen, weil mir meine Arbeit Spaß macht. Und genau das führt uns zum letzten Ratschlag zum Thema Erfolg!

Machen Sie Ihr Hobby zum Beruf!

Manch einer wählt seinen Beruf anhand der Verdienstmöglichkeiten aus. Das kann man machen. Aber wird man auf diese Weise erfolgreich? Oder glücklich? Eher nicht!

Ich empfehle Ihnen, beruflich in einem Bereich tätig zu sein, der Ihnen Spaß macht, bei dem es Ihnen leicht fällt, sich zu motivieren. Machen Sie, wenn möglich, Ihr Hobby zum Beruf! Dann können Sie viel Spaß haben und dabei noch Geld verdienen. Was könnte besser sein? Ganz nebenbei arbeiten Sie in diesem Fall auch an Ihren Zielen, denn eine Arbeit, die einen glücklich macht, trägt in hohem Maße zu hoher Lebensqualität bei.

Zusammenfassung:

1. Zunächst einmal muss man etwas haben, das man erreichen will. Ist das nicht der Fall, kann man logischerweise nicht erfolgreich sein.

2. Was man braucht sind Ziele! Neue (oder wiederbelebte alte) Ziele! Sie sind es, die uns antreiben und eine Zukunft geben. Sie motivieren uns. Ohne sie gibt es keinen Grund, auf eine Zukunft hinzuarbeiten oder eine zu planen.

3. Geld ist kein Selbstzweck, nur ein Mittel zum Zweck. Das gilt genauso für Immobilien. Auch sie sind nur Mittel zum Zweck.

4. Ziele erstrecken sich über verschiedene Lebensbereiche. Dabei ist die Art, Intensität und Ausrichtung der Ziele von Mensch zu Mensch verschieden.

5. Wenn Sie zu allgemeine Ziel anstreben, bekommen Sie letzten Ende vielleicht nicht das, was Sie eigentlich haben wollten. Ziele exakt auszuarbeiten hilft dabei, sie genau zu visualisieren, sie sich vorstellen zu können.

6. Zu erreichende Ziele geben Energie, erreichte Ziele aber nicht. Überlegen Sie sich, schon bevor Sie ein Ziel erreicht haben, welches Ziel Sie anschließend ansteuern wollen.

7. Eine interessante Technik, um herauszufinden, was einem wirklich wichtig ist, besteht darin, zu

überlegen, was man machen würde, wenn man nur noch eine begrenzte Zeit zur Verfügung hätte.

8. Wenn man das Ziel kennt, muss man als Nächstes wissen, wie man es erreichen kann. Dazu ist Planung nötig. Und einschlägiges Know-how. Aber welches genau? Das ist abhängig vom Ziel.

9. Erfolgreich ist derjenige, der daran arbeitet, erfolgreich zu sein! Erfolg bedeutet konsequentes und unermüdliches Arbeiten an den eigenen Zielen!

10. Machen Sie, wenn möglich, Ihr Hobby zum Beruf! Dann können Sie viel Spaß haben und dabei noch Geld verdienen. Was könnte besser sein?

4. Was hindert einen daran, erfolgreich zu sein?

Geld allein macht noch nicht unglücklich.

Peter Falk

Wenn man das Thema Erfolg durchleuchtet, sollte man auch einen Blick auf diejenigen Aspekte werfen, die Erfolg verhindern. Viele Menschen wollen erfolgreich sein, setzten sich Ziele und erreichen letztlich doch nicht das, was sie anstreben. Woran liegt das? Was lässt sie scheitern?

Auf diese Frage gibt es keine einfache Antwort. Es ist nicht *ein* einziger Faktor, der Erfolg in greifbare Nähe rücken lässt, und genauso können die Hindernisse auf dem Weg zum Erreichen der eigenen Ziele vielfältig sein. Das Leben als Mensch ist kompliziert. Entsprechend können viele Faktoren eine Rolle spielen und das Leben positiv wie auch negativ beeinflussen.

Betrachten wir die negativen Faktoren, die Erfolg verhindern können, im Detail. Die nachfolgende Liste erhebt keinen Anspruch auf Vollständigkeit. Es sind Faktoren, die ich in der Praxis häufig beobachtet habe.

1. Fehlen zielgerichteter Ausbildung

Es ist sicher jedem klar, dass Ausbildung wichtig ist. Ebenso, dass sie Teil eines erfolgreichen Lebens ist. Doch ist Ausbildung nicht gleich Ausbildung. Oder glauben Sie, dass Ihnen der Erfolg sicher ist, wenn Sie an der Volkshochschule einen

Schreibmaschinenkurs besuchen? Für eine Sekretärin mag dies Teil ihres Wegs zum erfolgreichen Ausüben ihres Berufes sein, doch ist es das auch für Sie?

Und wie steht es mit Schulausbildung? Braucht man Abitur, um Millionär zu werden? Muss man ein Studium abschließen, um es im Leben zu etwas zu bringen? Sicher ist es nicht schlecht, gewisse Zeugnisse und akademische Titel vorweisen zu können. Sie können einem in der Berufswelt Türen öffnen. Aber: Sie sind kein Garant für Erfolg! Angenommen, Sie studieren, um Architekt zu werden. Nach vielen Jahren Studium haben Sie Ihre Zulassung und alles, was Sie benötigen, um Häuser, Brücken, oder was auch immer zu bauen. Aber was, wenn in der Baubranche Flaute herrscht? Oder wenn es zu viele Architekten für zu wenig Aufträge gibt? Dann sieht es für Sie nicht gut aus.

Nun existieren Berufe, die einen guten Ruf haben. Als Bankangestellter konnte man bis in die achtziger und neunziger Jahre davon ausgehen, einen sicheren Job mit gewissen Zukunfts-perspektiven zu haben. Und hat, je nach Position, gut verdient. Doch dann kam 2008 die durch den Konkurs von Lehman Brothers ausgelöste Bankenkrise. Das große Zittern begann und viele Banken mussten Milliardenverluste hinnehmen oder gar Konkurs anmelden. Einige, wie etwa die Commerzbank, konnten nur durch staatliches Eingreifen gerettet werden. Was bedeutete das für den einzelnen Bankangestellten? Sein Job war auf einmal nicht mehr sicher. Tatsächlich wurden in den letzten Jahren viele Bankfilialen geschlossen und Mitarbeiterposten gestrichen.

Keine Frage, Ausbildung ist Teil von Erfolg. Aber welche? Die Antwort ist einfach: *zielgerichtete Ausbildung*. Das Erlernen von Abläufen und Tätigkeiten, die auf das *ausgerichtet* sind, was Sie vorhaben, was Sie erreichen wollen. Das kann akademische Ausbildung sein, muss es aber nicht.

Das Problem mit der heutigen Schulausbildung ist, dass sie zwar Allgemeinwissen vermittelt, aber oft eben <u>nicht</u> zielgerichtet ist. Natürlich sollten man schreiben, lesen und rechnen können. Geschichte zu kennen ist nett, hilft aber bei den täglichen Probleme selten weiter. Wie oft haben Sie schon Ihr Wissen um die Schlacht bei Waterloo angewandt, um mehr Geld zu verdienen? Oder römische Geschichte, um Ihre Rechnungen zu bezahlen? Eben! Literatur ist interessant, aber wird man dadurch erfolgreich? Welchen konkreten Vorteil hat es Ihnen im Leben gebracht, Goethe, Kleist oder Homer gelesen zu haben? Viele Fächer vermitteln allgemeines Wissen, das man aber im Berufsleben selten benötigt.

Damit will ich nicht sagen, dass Schulbildung nutzlos ist. Ein gewisses Grundwissen ist durchaus von Vorteil. Aber leider gibt es in der Schule kein Fach, das sich „Erfolg" nennt.

Grundsätzlich kann man Know-how auch kaufen. Henry Ford, der Gründer des Automobilherstellers Ford, belastete sich nicht mit unnützem Studium.

Das, was er wissen musste, wusste er. Und wenn er eine Frage hatte, ließ er einen Spezialisten kommen, der sie ihm beantworten konnte. Da er Geld im Überfluss besaß, war es für ihn kein Problem, sich eine Schar von Beratern zu kaufen.

In der heutigen Zeit hat man es weitaus einfacher als zur Zeit von Ford. Man kann sich viele Informationen im Internet besorgen. Das gilt auch für Erfolg mit Immobilien. Manch einer mag denken, dass es nötig ist, sich als Architekt, Bauingenieur, Rechtsanwalt und Steuerberater ausbilden zu lassen, bevor man im Immobilienbereich aktiv sein kann. Das ist völliger Blödsinn. Und absolut nicht praktikabel. Wenn man so viel Wert auf seine Ausbildung legt, dass man all die Bereiche, die mit Immobilien zu tun haben, studieren will, bevor man auch nur eine Eigentumswohnung kauft, ist man Rentner, bevor man überhaupt in das Gebiet eingestiegen ist. Nein, so funktioniert es nicht! Natürlich muss man sich informieren, muss ein Gefühl für die Materie bekommen und sich am Markt orientieren. Aber das ist Know-how, das man sich relativ leicht mit ein wenig autodidaktischem Studium, Informationen von Profis und durch praktische Erfahrung aneignen kann.

Um ein Haus zu bauen, ist das Know-how von etwa elf verschiedenen Gewerken nötig. Dazu zählen neben Statik etwa Gebiete wie Elektrik, Sanitär etc. Wenn man all diese Bereiche kennen müsste, um ein Haus zu bauen, gäbe es in Deutschland keine Neubauten mehr. Daher greift ein Bauträger auf ein

Portfolio von Fachleuten zurück, die die einzelnen Arbeiten für ihn verrichten. Gute Kontakte zu Personen zu haben, deren Know-how oder fachliche Arbeitskraft man benötigt, ist auf jeden Fall sinnvoll, weshalb Sie sich, entsprechend Ihren Zielen, ein entsprechendes Netzwerk aufbauen sollten.

Diese Prinzipien gelten nicht nur für Immobilien. Ein großer Stolperstein auf dem Weg zum Erfolg ist das Fehlen zielgerichteter Ausbildung!

2. Unfähigkeit, mit Geld umzugehen
Geld ist eng mit Erfolg verknüpft. Obwohl Geld nicht alles ist, stellt es in unserer heutigen Zivilisation doch einen wichtigen Faktor für ein angenehmes und sorgenfreies Leben dar. Dummerweise können viele Menschen nicht mit Geld umgehen. Das betrifft sowohl einige, die viel verdienen, wie auch viele, die wenig verdienen. Der grundsätzliche Fehler solcher Menschen besteht darin, dass sie mehr ausgeben, als sie einnehmen.

Es ist im Grunde ein einfaches Kaufmannsprinzip: *Haben kommt von halten!* Man muss mehr einnehmen, als man ausgibt. Nur so wird man vermögend.

Angenommen, Sie verdienen im Monat 1.000 Euro netto. Das ist nicht viel. Wenn Sie aber nur 800 Euro ausgeben, machen Sie „Gewinn". Liegen Ihre Ausgaben aber bei 1.200 Euro, werden Sie jeden Monat ein wenig ärmer. Dieses Prinzip gilt auch, wenn Sie 10.000 Euro im Monat verdienen.

Schaffen Sie es dann, mit 8.000 Euro auszukommen? Oder brauchen Sie 12.000 Euro? Tatsächlich kann ein hohes Einkommen für Menschen, die nicht mit Geld umgehen können, ein Fluch sein, weil sie zwar eine Zeitlang aufgrund ihres hohen Einkommens gute Bonität besitzen und ihnen Kredit gewährt wird, sie aber dadurch auch weitaus mehr Schulden machen können, die sie irgendwann einholen werden.

Ich habe im Laufe meines Lebens eine Menge Leute kennengelernt, die viel, wirklich viel Geld verdient haben. Aber man kann auch eine Menge Geld verplempern. Manch einer kauft sich Autos, ein anderer eine Yacht. Auch für Flugzeuge kann man Geld ausgeben. Ganz zu schweigen von Frauen und Alkohol. Natürlich soll man sein Leben genießen, keine Frage. Aber dafür muss man sein Geld nicht zum Fenster hinauswerfen. Gerade dann nicht, wenn man gut verdient, denn genau dann hat man die Chance, wirklich etwas mit seinem Geld zu bewirken!

Die Welt der Politik ist voll von Beispielen davon, wie man es nicht machen sollte. Denken Sie nur an die Elbphilharmonie oder den Nürburgring. Teure Prestigeprojekte, die finanziell völlig absurd sind. Es gibt dabei aber einen entscheidenden Unterschied zu einem Privatmann: Die Politiker, die Gelder in den Sand setzen, müssen höchstens ihre Posten räumen. Für den Schaden aufkommen müssen die Steuerzahler. Als Privatmann aber kann man die Schuld nicht auf die Steuerzahler abwälzen. Daher ist man bei großen finanziellen

44

Fehlentscheidungen sofort pleite und damit wirtschaftlich betrachtet tot.

Eine Regel, die es schon im alten Babylon gab, besagt Folgendes: Wenn Sie nicht mit 90 Prozent Ihres Geldes auskommen, dann kommen Sie auch nicht mit 100 Prozent aus! Dann fehlen Ihnen Disziplin und Kontrolle im Umgang mit Geld. Für jemanden, auf den das zutrifft, ist die Erkenntnis, dass es so ist, der erste Schritt zu Besserung. Der zweite besteht darin, sich selbst genug Disziplin im Umgang mit Geld aufzuerlegen, um *Ursache über Geld* zu sein und <u>nicht</u> *Wirkung von Geld*!

Wenn man mit Geld nicht umgehen kann, wird man immer am Tropf von irgendwelchen Einnahmen hängen, egal wie hoch diese sind, aber nicht genug haben. Man verhält sich ähnlich wie ein Drogenabhängiger, der immer mehr haben muss, dabei aber nicht sieht, auf welche Schwierigkeiten er zusteuert.

Kinder sind oft ein Beispiel dafür, wie es nicht funktioniert. Sie wollen immer alles Mögliche, am besten sofort, und bedrängen ihre Eltern, es ihnen zu kaufen. Wenn die Eltern zu schnell nachgeben, kann sich das negativ auf die Kinder auswirken. Daher haben „verwöhnte" Kinder im Leben oft Probleme, mit Geld umzugehen. Diejenigen, die gelernt haben, dass man sich Geld *erarbeiten* und zuweilen *sparen* muss, damit man sich dann etwas leisten kann, kommen in der Regel besser klar.

Natürlich wird es einem in der heutigen Welt nicht einfach gemacht. Ununterbrochen wird man mit Werbung bombardiert, die einem sagt, was man alles haben und kaufen muss. Bei vielen Menschen löst diese Werbung einen *Kaufimpuls* aus, dem sie fast automatisch nachkommen. Das ist ja das Ziel von Werbung. Beim Umgang mit Geld ist dies nicht hilfreich. Man muss lernen, den Kaufimpuls zu *überwinden* und eben nicht zu kaufen!

Die gute Nachricht lautet: *Man kann lernen, mit Geld umzugehen.* Je nach Persönlichkeit mag es nicht einfach sein. Es erfordert, die eigene Lebensweise zu ändern, seinen Wünschen nicht sofort nachzugeben, sich diszipliniert zu verhalten und nicht auf den Dispo oder die Reserven zuzugreifen. Es aber nicht zu können, kann Ihren Weg zum Erfolg erschweren oder gar völlig blockieren.

3. Übermäßige Ablenkungen

Ablenkungen sind in unserer heutigen Zeit allgegenwärtig. Egal, ob es Volksberieselung durch das Fernsehen, das Internet, Facebook, das ständig klingelnde Smartphone oder was auch immer sein mag, es gibt viele Möglichkeiten abgelenkt zu werden. Da wir im Vergleich zu früher viel einfacher und schneller kommunizieren können, empfangen wir natürlich auch weitaus mehr Kommunikation.

Ein wenig Ablenkung ist nicht wirklich schlimm. Freizeit tut jedem gut. Und ob man diese für Fernsehen, Kino, Theater oder Facebook nutzt, ist jedem selbst überlassen. Wenn dies aber Überhand nimmt, zu viel Zeit beansprucht und einen tatsächlich von seinen Zielen ablenkt, ist das in höchstem Maße kontraproduktiv.

Viele Menschen beklagen sich, dass sie im Leben nicht erfolgreich sind, sie nicht genug Geld haben und unzufrieden sind. Wenn man sieht, dass sie drei oder vier Stunden täglich vor dem Fernseher sitzen, sich Talkshows oder sogenannte Realityshows anschauen, muss man nicht weiter fragen, warum dies so ist.

Verstehen Sie mich nicht falsch, jeder hat das Recht, mit seinem Leben das zu machen, was er will, solange er sich innerhalb des gesetzlichen Rahmens bewegt. Wenn jemand ein Couchpotato sein will, soll er sein Leben eben so gestalten und sich ein bequemes Sofa und einen großen Fernsehen besorgen. Er darf sich dann aber nicht wundern, dass er nicht erfolgreich ist. Einfache Regel: Von nichts kommt nichts. Wer nicht arbeitet, verdient nichts. Und wer sich zu sehr ablenken lässt, verliert seine Ziele aus den Augen und ist folglich nicht erfolgreich.

All das bedeutet nun nicht, dass Sie Ihren Fernseher und Ihr Smartphone wegwerfen und das Internet abschalten sollten. Um erfolgreich zu sein, müssen Sie allerdings darauf achten, keine Zeit mit unnötigen und unproduktiven Ablenkungen zu vertrödeln. Fokussieren Sie Ihre Aufmerksamkeit stattdessen auf das Wesentliche.

4. Opferhaltung

Manche Personen tendieren dazu, anderen die Schuld für alles Mögliche in die Schuhe zu schieben. Das kann die Menschen in ihrer unmittelbaren Umgebung betreffen oder auch solche, die sie nicht einmal persönlich kennen, wie Politiker oder jene mit Einfluss. „Hätte Merkel doch ..., kann Trump denn nicht ..., und was Putin betrifft ..."

Sie steigern sich in irgendetwas hinein und gelangen nicht zu einer positiven, ursächlichen Grundhaltung, die für ein erfolgreiches Leben unabdinglich ist. *Um erfolgreich zu sein, ist es nötig, sich auf Erfolg zu konzentrieren.* Hört sich einfach an, ist es aber nicht immer. Manche Menschen lassen sich eher in Streitigkeiten und Unklarheiten verwickeln als andere und legen eine gewisse Opferhaltung an den Tag, die sie davon abhält, ursächlich zu agieren.

Jede Situation, bei der man bereit ist, sie anzugehen, kann man lösen. Fehlt diese Bereitschaft, etwa weil man sich darauf versteift, ein Opfer zu sein, kann man die Situation nicht lösen. Und das hat unangenehme Folgen.

Natürlich haben wir alle zuweilen die Tendenz, die Schuld für ein Missgeschick oder einen Fehlschlag anderen in die Schuhe zu schieben. „Hätte sie nicht den Eimer so ungünstig hingestellt, wäre ich nicht gestolpert." „Wenn er den Wagen nicht so blöd geparkt hätte, wäre ich locker an ihm vorbei gekommen und er hätte jetzt keine Schramme." Das ist menschlich. Unangenehm wird es nur, wenn man weniger und weniger Verantwortung für seine eigenen Taten übernimmt und dadurch immer mehr Kontrolle an andere abgibt. Durch den Gedanken, dass die Bundesregierung an den eigenen Geldsorgen Schuld sei, wertet man sich selbst und seine Fähigkeiten ab. War es – gemäß der eigenen Vorstellung – der Chef, der einem übel mitgespielt hat, ist auch das eine Abwertung der eigenen Person. Wenn man damit fortfährt, andere für das eigene Leben und Schicksal verantwortlich zu machen, schafft man es irgendwann nicht einmal mehr, eine Konservendose zu öffnen, ohne sich dabei zu schneiden, woran natürlich der Hersteller schuld ist.

Viele Menschen lassen sich in unproduktive Streitigkeiten mit Nachbarn, Behörden, Arbeitskollegen, dem Ex-Partner oder wem auch immer verwickeln. Sie versteifen sich darauf, ungerecht behandelt worden zu sein, und geben sich enorm viel Mühe zu demonstrieren, wie übel ihnen mitgespielt wurde. Doch selbst wenn sie damit Recht haben, sind sie letzten Endes das Opfer. Und Opfer sind niemals erfolgreich.

5. Fehlende Bereitschaft, vollen Einsatz zu geben
Wie viel Einsatz ist nötig, um erfolgreich zu sein? Wie viel Arbeit? Reicht es, 35 Stunden in der Woche an seinen Zielen zu arbeiten? Gute Frage.

Wie groß ist Ihre Hingabe an Ihre Ziele? Wie sehr wollen Sie sie erreichen? Klemmen Sie sich wirklich dahinter und geben Sie Volldampf, um das zu erreichen, was Sie haben wollen? Oder gehen Sie es eher wie ein nettes Hobby an, dem man an einem ruhigen Sonntagnachmittag nachgehen kann?

Für wirklichen Erfolg muss man bereit sein, den Extraaufwand zu betreiben, der für das Erreichen der eigenen Ziele nötig ist. Das ist eben nicht der normale Aufwand, das, was jeder gibt, um eher schlecht als recht leben zu können. Die meisten Menschen führen ein mittelmäßiges Leben, weil sie sich nicht wirklich anstrengen, mehr zu erreichen. Oft wollen sie das nicht. Das ist völlig in Ordnung. Jeder hat das Recht dazu. Wenn man aber mehr will, muss man auch mehr geben.

Erfolg kommt nicht von ungefähr. Er hat selten etwas mit Glück zu tun. Er rührt vor allem von intensiver Arbeit. Davon, sich seiner Zielsetzung zu widmen, sich für das Erreichen derselben einzusetzen. Mehr zu tun, als von einem erwartet wird.

Niemand wird zu Ihnen kommen und Ihnen sagen: „So, ich erledige das jetzt für dich und dann bist du erfolgreich, okay?" Oder haben Sie das schon einmal erlebt? Und selbst wenn es so wäre, dann hätte Erfolg keine Bedeutung mehr, weil Sie ihn nicht selbst erreicht hätten.

Der wichtigste Faktor für Ihren Erfolg im Leben sind Sie selbst! Jemand anders mag Ihnen gute Ratschläge, Know-how oder ein Darlehen geben, aber Sie sind es, der mit dem, was er bekommt, arbeitet, etwas zustande bringt und dadurch erfolgreich wird.

Dabei hat es weniger mit klugen Ideen als mit Arbeit zu tun. Manch einer rennt herum und überlegt sich jahrelang, was ihn erfolgreich machen könnte. „Wenn ich doch nur so etwas wie Facebook erfinden könnte, dann wäre ich bald Millionär!" Und während er überlegt, übersieht er die Chancen, die sich ihm bieten. Sie wollen eine gute Idee? Hier ist sie: Investieren Sie in Immobilien! Was fehlt jetzt noch? Dass Sie daran arbeiten, Zeit, Schweiß und Fleiß investieren.

Um Ihnen eine Idee zu geben, wie viel man arbeiten muss: Ich habe zu Beginn meiner Karriere locker 60 Stunden in der Woche gearbeitet. Bei anderen, die erfolgreich sind, lief es nicht anders. Wenn es dann schließlich zur Leidenschaft wird, fasst man es weniger als Arbeit auf und findet daran Vergnügen. Und natürlich kann man es nach ein paar Jahren, wenn man bereits erfolgreich ist, ruhiger angehen lassen und die Früchte seiner Arbeit genießen.

6. Es nicht zu „seinem Ding" zu machen
Es existieren verschiedene Wege, an eine Sache heran zu gehen. Man kann sie wie ein Amateur betrachten oder wie ein Profi. Als Außenstehender, der „nur seinen Job macht", oder als jemand, der etwas als „sein Ding" auffasst. Erst wenn Sie anfangen, das Erreichen Ihrer Ziele als „Ihr Ding" zu sehen, werden Sie ambitioniert genug sein, die vor Ihnen liegende Aufgabe zu bewältigen.

Dabei handelt es sich um Ihre eigene Entscheidung. Es geht nicht um das, was die Regierung will, Ihr Vater, Ihre Mutter, Ihr Partner, Ihr Chef, Ihre Freunde oder wer auch immer. Es geht um das, was Sie wollen. Es ist Ihr Leben. Wer sollte darüber entscheiden, wenn nicht Sie?

Auf Ihre Ziele hinzuarbeiten ist Chefsache. Darum müssen Sie sich selbst kümmern, das kann kein anderer für Sie erledigen. Sie müssen es als „Ihr Ding" akzeptieren und betrachten. „Ich will das machen, dahinein setze ich meine Kraft und Energie, das will ich!"

Diejenigen Menschen, die sich nicht für etwas entscheiden, mal dies, mal das machen, aber niemals etwas zu „ihrem Ding" machen, laufen ständig dem Erfolg hinterher und verzetteln sich.

Wenn man sich für eine Sache entscheidet, bedeutet das gleichzeitig, dass man sich gegen andere Dinge entscheidet. Natürlich besteht das Leben aus mehreren Bereichen und man kann und sollte in vielen aktiv sein, aber wenn es um Erfolg geht, kann man nicht auf allen Hochzeiten tanzen. Als Makler zu arbeiten, gleichzeitig ein Transport-unternehmen aufzubauen und als Musiker und Schriftsteller voll durchstarten zu wollen, das klappt selten. Sie müssen Prioritäten setzen. Sich entscheiden, was Ihr Beruf, Ihre Berufung ist und was nicht. Natürlich können Sie auch Ihren Hobbys frönen, aber nur in Ihrer Freizeit, sonst werden sie zu Ablenkungen (siehe Punkt 3). Und wenn Sie entschieden haben, was Sie wollen, müssen Sie sich richtig dahinterklemmen, Arbeit investieren, um das zu erreichen (siehe Punkt 5).

Zum Glück ist es heutzutage nicht mehr so, dass uns die Eltern vorgeben, welchen Beruf wir ergreifen und wen wir heiraten müssen. Wir haben die Freiheit, uns zu entscheiden, die Freiheit, eine Wahl zu treffen. Welcher Luxus! Diese Freiheit bringt aber nur etwas, wenn wir sie nutzen, uns Ziele setzen, Ziele, die wirklich die unseren sind, und dann daran arbeiten, sie zu erreichen.

7. Das Fehlen eines klaren Zukunftsplans

Wenn wir von Erfolg reden, dann reden wir nicht über die Vergangenheit, nicht über das, was man früher konnte oder nicht konnte oder schon erreicht hat. Es geht um die Zukunft. Das, was noch kommt beziehungsweise was noch kommen soll. Schließlich haben Sie ein Ziel, das Sie anvisieren. Und Ziele sind auf die Zukunft ausgerichtet. Das liegt in der Natur der Sache.

Da wir Erfolg im Leben anvisieren, geht es nicht um eine kleine Sache, sondern etwas von gewissem Umfang. Ergo wird man nicht imstande sein, es schnell zu erreichen. Nicht in ein paar Tagen oder Wochen, gewöhnlich auch nicht innerhalb von Monaten. Es dauert Jahre. Damit will ich Sie nicht demotivieren, sondern Ihnen aufzeigen, was nötig sein wird.

Wenn Sie sich die Entwicklung von erfolgreichen Menschen anschauen, werden Sie sehen, dass auch sie nicht von heute auf morgen erfolgreich waren.

Die Beatles haben jahrelang gespielt, bevor sie in Hamburg „entdeckt" und zu einer der erfolgreichsten Band der Musikgeschichte wurden. Der Schriftsteller Michael Ende hat schon lange vor seinem Buch *Jim Knopf und Lukas der Lokomotivführer* mehr oder weniger erfolglos geschrieben, bis ihm damit der Durchbruch gelang. „Shootingstars", wie man sie nennt, steigen tatsächlich nicht so schnell auf, wie man es sich vorstellt. Es geht schnell, aber mit schnell meint man gemeinhin Jahre. Wenn Sie es schneller schaffen, prima. Seien Sie aber bitte nicht enttäuscht oder desillusioniert, wenn es länger dauert.

Um ein klares Konzept zu haben, was man in einem solchen Zeitraum tun will, ist die *Ausarbeitung eines Plans* sinnvoll. Er enthält die Schritte, die man durchführen will, um sein Ziel zu erreichen. Natürlich kann es nötig sein, den Plan im Laufe der Zeit zu überarbeiten, Dinge zu ergänzen oder zu streichen, aber man hat damit einen roten Faden, der zum Ziel führt.

Ohne Plan ist man laut Definition „planlos". Selbst wenn man fleißig ist und 60 oder 70 Stunden in der Woche arbeitet, kann es sein, dass die gesamte Arbeit oder zumindest ein Teil davon einfach wirkungslos verpufft. Warum? Weil sie nicht auf das eigentliche Ziel ausgerichtet war.

Der Plan sollte neben Aktionen, wie im vorigen Kapitel beschrieben, Unterziele erhalten, die man innerhalb eines gewissen Zeitraums erreichen will.

So bauen Sie eine Planung für die Zukunft auf, die realistisch ist, mit der Sie übereinstimmen und an deren Umsetzung zu arbeiten Sie bereit sind.

Ganz nebenbei können Sie mit einem Plan erkennen, ob Sie Ihrem Ziel näher kommen. Immer, wenn Sie einen Punkt des Plans abhaken können, ist das der Fall. Das fühlt sich gut an und motiviert dazu, weiter zu machen.

8. Festhalten an vergangenen Missgeschicken

„Weine nicht um die vergossene Milch" sagt ein Sprichwort. Das ist ein guter Ratschlag, denn im Laufe eines Lebens wird so manche Milch vergossen. Man verpasst so viele Chance, erlebt oft wirklich niederschmetternde Zeiten, Trennungen, Scheidungen, Entlassungen und vieles mehr, das einen niederdrücken kann.

Aber muss es das auch?

Die Vergangenheit ist die Vergangenheit. Laut Definition und faktisch ist sie vergangen, vorbei. Man kann sie nicht mehr ändern. An Verlusten und Fehlschlägen festzuhalten macht das Leben nicht besser, denn das Leben befindet sich in der Gegenwart und steuert auf die Zukunft zu.

Sich mit der Vergangenheit zu beschäftigen ist ein beliebtes Hobby von Rentnern, aber in den meisten Fällen vertane Zeit. Damit meine ich nicht, dass man seine Vergangenheit leugnen sollte oder aus dem, was man erlebt hat, keine Lehren ziehen sollte. Natürlich soll man das! Aber daran hängen zu bleiben und für die Vergangenheit Gegenwart und Zukunft zu opfern, das ist fatal!

Ich kenne viele Leute, die sagen: „Ach, hätte ich doch damals die Wohnung gekauft. Der andere hat so günstig eingekauft und hat jetzt so viele Immobilien und ich musste dann ins Krankenhaus, hatte keine Zeit, kam nicht mit dem Banker ins Gespräch und ..." Über verpasste Chancen nachzudenken, bringt sie nicht zurück. Und es hält einen vielleicht davon ab, die Chancen zu erkennen, die sich gerade jetzt in der Gegenwart oder der unmittelbaren Zukunft bieten. Tun Sie es also nicht!

Fazit
Wenn Sie diese acht Punkte in Ihrem Leben beachten und sich überlegen, wie Sie sie vermeiden können, haben Sie eine wichtige Grundsatzentscheidung in Richtung Erfolg getroffen.

Zusammenfassung:

1. Die folgenden Punkte können Erfolg verhindern:
(1) Fehlen zielgerichteter Ausbildung
(2) Unfähigkeit, mit Geld umzugehen
(3) Übermäßige Ablenkungen
(4) Opferhaltung
(5) Fehlende Bereitschaft, vollen Einsatz zu geben
(6) Es nicht zu „seinem Ding" zu machen
(7) Das Fehlen eines klaren Zukunftsplans
(8) Festhalten an vergangenen Missgeschicken

2. Der wichtigste Faktor für Ihren Erfolg im Leben sind Sie selbst!

5. Echte Werte schaffen

Die meisten tragen ihr Geld zur Bank,
um es vor sich selbst in Sicherheit zu bringen.

Sigmund Graff

Der Untertitel dieses Buches lautet: *Echte Werte schaffen!*
Grund genug, ein paar Worte darüber zu verlieren, was ich unter echten Werten verstehe.

Geldwert kontra Sachwert

In unserem täglichen Umgang ist der Wert, mit dem wir am meisten zu tun haben, *Geld*. Wir verdienen es, geben es aus, kaufen damit Waren und Dienstleistungen und versuchen gewöhnlich, irgendwie mit dem, was wir haben, auszukommen. Wer viel davon hat, gilt als reich, wer wenig hat als arm. Und wer verschuldet ist, der ist wirklich schlimm dran.

Zum Leben benötigt man Geld. Zumindest in unserer Gesellschaft. Es mag ein schöner Traum sein, in einer Welt zu leben, in der Geld keine Bedeutung hat und jeder haben kann, was er will. Tatsächlich ist das aber unrealistisch. Geld ist ein Medium, das uns hilft, Dienstleistungen und Waren zu tauschen. Es ist eine Weiterentwicklung der Tauschgesellschaft und vereinfacht unser Leben auf vielerlei Weisen, wie Öl im Getriebe einer Maschine. Mit Geld kann man diejenigen Dinge erwerben, die das Leben angenehmer machen. Es kann uns helfen, gesund zu bleiben, indem wir uns damit gutes Essen, Kleidung, Unterkunft und medizinische Versorgung kaufen können. Das gilt ebenso für unsere Familie. Sein Besitz bietet auch eine gewisse Sicherheit.

Geld hilft uns dabei, besser zu leben und unsere Ziele (schneller) zu erreichen. Wer kein Geld hat, muss zu Fuß gehen oder mit dem Bus fahren, wer es sich leisten kann, fährt mit dem Auto oder nimmt ein Flugzeug, um schneller ans Ziel zu gelangen. Will man Entschlüsse in die Tat umsetzen, ist oft Geld nötig. Etwa, wenn man für ein Projekt werben möchte. Oder ein Haus bauen will. Ohne Geld klappt das nicht.

Interessanterweise beeinflusst Geld auch die geistige Verfassung. Sein Besitz kann Zuversicht steigern. Man fühlt sich gut, wenn man genug Geld in der Tasche hat. Und arm, wenn man keines hat und all die Dinge sieht, die man haben möchte und sich nicht leisten kann.

Sicher stimmen Sie mit mir überein, dass Geld einen Wert darstellt. Doch handelt es sich um einen echten Wert?

Früher war das einmal so. Und heute?

Die Entwicklung des Geldwertes
In der Antike wurden zeitweise Edelmetalle wie Gold und Silber verwendet, um damit Münzen zu prägen. Diese Münzen stellten schon allein durch diese Metalle einen Wert dar. Allerdings wurden diese Standards selten lange gehalten. Schon

damals benötigten Regierungen mehr und mehr Geld. Und so wurde der Edelmetallgehalt der Münzen mit der Zeit immer weiter reduziert, so das der eingeprägte Wert nicht mehr dem entsprach, was das enthaltene Edelmetall wert war.

Viele Jahrhunderte später wurde Papiergeld eingeführt. Dabei repräsentierte ein Stück Papier einen gewissen Wert. Dieses System funktionierte gewöhnlich ganz gut, zumindest so lange, wie die Regierungen nicht mehr Geld druckten, als Waren und Dienstleistungen verfügbar waren.

Gegen Ende des 19. Jahrhunderts führten viele Regierungen den sogenannten *Goldstandard* ein. Man konnte seine Geldscheine jederzeit in Gold eintauschen. Damit sollte dem Fluch der Inflation Einhalt geboten werden. Eine Regierung konnte immer nur so viel Geld herausgeben, wie sie Goldvorräte hatte. Grundsätzlich eine gute Idee. Dummerweise hielten sich die Regierungen mit der Zeit immer weniger daran. Und mit dem Beginn des Ersten Weltkriegs wurde der Goldstandard faktisch aufgehoben. Es folgte der „Krieg, der alle Kriege beenden sollte", wie der Erste Weltkrieg unter anderem in den USA propagiert wurde. Was danach kam, ist allgemein bekannt: In der Weltwirtschaftskrise der 30er Jahre des 20. Jahrhunderts zerstörte der Schrecken der Inflation Existenzen, Vermögen und Leben. Vielleicht haben Sie schon einmal Geldscheine der damaligen Zeit gesehen. Die darauf gedruckten Summen stiegen in schwindelerregende Höhen, von Millionen zu Milliarden Reichsmark usw. Gleichzeitig zogen aber auch die Preise an, so dass man einige Millionen Reichsmark für ein Brot ausgeben musste.

Die Krise wurde überwunden, es folgte der Zweite Weltkrieg und 1944 wurde der Bretton-Woods-Standard (benannt nach der Stadt Bretton Woods im US-Bundesstaat New Hampshire) beschlossen und kurz danach eingeführt. Damit wurde im Grunde beschlossen, dass der US-Dollar als internationale Leitwährung gelten sollte. Von einem Goldstandard war keine Rede mehr. Dummerweise funktionierte das Bretton-Woods-System nicht besonders gut, so dass es Mitte der 1970er Jahre außer Kraft gesetzt wurde. Der US-Dollar behielt seinen Status als internationale Leitwährung aber quasi bis heute.

Das Problem bei allen Geldsystemen, die nicht wie der Goldstandard auf realen Werten beruhen, besteht darin, dass der Wert des Geldes grundsätzlich manipuliert werden kann. Gewöhnlich haben Regierungen und Zentralbanken daran gearbeitet, eine gewisse Inflation aufrecht zu erhalten. Sie haben gelernt, damit umzugehen. Tatsächlich hat etwa Mario Dragi, der Präsident der Europäischen Zentralbank (und früherer Top-Manager bei Goldman Sachs) im Jahr 2015 beschlossen, monatlich für 60 Milliarden Euro Staatsanleihen zu kaufen. Das bedeutet de facto, dass die Europäische Zentralbank mehrere Jahre lang jeden Monat 60 Milliarden Euro „druckt" und damit die Geldmenge in der Eurozone aufbläht, ohne dass dem gleichzeitig gesteigerte Produktion gegenübersteht. Das Ziel dieser Aktion: Deflation verhindern und Inflation steigern.

Noch eine Anmerkung zum Thema Geld: Nachdem Papiergeld das Münzgeld weitgehend abgelöst hat, wurde dieses inzwischen größtenteils von Giralgeld ersetzt. Das bedeutet, dass sich der größte Teil der im Umlauf befindlichen Geldmenge auf den Konten irgendwelcher Banken befindet. Damit ist es noch leichter zu manipulieren als Papiergeld.

Geldwert und Inflation
Geld stellt einen Wert dar, keine Frage. Allerdings unterliegt es gewöhnlich der Inflation, was bedeutet, dass es im Laufe der Zeit an Wert verliert.

Vor ein paar Jahren schrieb ich unter der Überschrift *Die Inflation kehrt zurück* einen Artikel über das Thema, den ich hier auszugsweise zitieren möchte:

„Die Inflation ist in den USA auf über fünf Prozent angestiegen. In Deutschland kletterten die Benzinpreise und Heizkosten in noch nie geahnte Höhen. Die Zeiten hoher Preisstabilität scheinen fürs Erste vorbei zu sein.

Verantwortlich waren neben dem starken Öl- und Benzinpreisanstieg vor allem auch die deutlich höheren Preise für die Genussmittel Alkohol und Tabak. Zudem macht sich die Gesundheitsreform bemerkbar: Patienten müssen seit Jahresbeginn, unter anderem bei Medikamenten, erheblich mehr zuzahlen. Die steigende Inflation schmälert die

Kaufkraft der Verbraucher und mindert den Wert ihrer Ersparnisse. Besonders, wenn die Preissteigerung auf ein historisch niedriges Zinsniveau trifft.

Genau vor dieser Situation stehen Sparer im Moment. Für Zinspapiere mit einjähriger Laufzeit bekommen sie kaum mehr als zwei Prozent. Diese werden nun vollständig von der Inflation aufgefressen. Selbst von den rund vier Prozent Rendite für zehnjährige Anleihen bleibt wenig übrig.

Wirtschaftlich sind wir nun mit dem Euro in der EU eingebunden. Die wirtschaftliche Stabilität ist in den in Maastricht geschlossenen EU-Verträgen mit bis zu 3,5 Prozent Inflation als stabil beschrieben worden. Egal, welche Regierung an der Macht ist, die Inflationsrate des Euro wird die Altersversorgung erheblich beeinflussen. Eine einfache Zins- und Zinseszinsrechnung zeigt, dass die Geldwerte an Kaufkraft verlieren und Sachwerte immer teurer bezahlt werden müssen. Auf 30 Jahre hochgerechnet wird aus einer unverzinsten Geldanlage von 100.000 Euro bei einer jährlichen Inflation von 3,5 Prozent eine Kaufkraft von 34.300 Euro."

Das war kurz nach der Einführung des Euro im Jahr 2002. Und wie sieht es aktuell aus? Nach wie vor haben wir Inflation. Der Wert des Euro nimmt ab. Selbst wenn es nur zwei oder drei Prozent im Jahr sind, verliert unser Geld an Wert.

Für diejenigen, die Schulden haben, ist das vorteilhaft. Und das ist auch einer der Gründe, warum sich Regierungen über eine gewisse Inflation freuen: Da sie hochverschuldet sind, werden ihnen durch die Inflation quasi jedes Jahr ein paar Milliarden Euro Schulden erlassen. Allerdings ist das nur die eine Seite der Medaille. Denn dafür zahlen die Sparer die Zeche. Ihr Geldvermögen, egal ob als Bargeld oder Sparguthaben, wozu auch Bausparverträge und Kapitallebensversicherungen zählen, verliert jedes Jahr an Wert.

In den vergangenen Jahren ist das den Sparern nie so ganz bewusst geworden. Schließlich bekamen sie auf ihrem Sparbuch ein paar Prozent Zinsen. So sah es danach aus, als ob sich ihr Vermögen mehren oder zumindest mit der Inflation Schritt halten würde. Im Moment sieht das aber anders aus. Auf Sparbücher bekommt man aktuell nur 0,01 Prozent Zinsen, selten ein wenig mehr. Und wenn man Beträge ab 100.000 Euro bei der Bank seines Vertrauens deponieren will, muss man dafür sogar noch Zinsen zahlen! Gleichzeitig bewegt sich die Inflation um drei Prozent herum. Und das ist der offizielle Wert. Je nachdem, welche Dienstleistungen und Waren man betrachtet, kann die Inflationsrate sogar noch höher ausfallen.

Inflation, die schleichende Geldentwertung
In der Tat machen sich die Deutschen über Inflation wenig Sorgen, eigentlich viel zu wenig. Drei Prozent, das hört sich nicht viel an. Wenn man ein Geldvermögen von 100.000 Euro betrachtet, ist

dieser Betrag nach einem Jahr dann aber eigentlich nur noch 97.000 Euro wert, obwohl im Sparbuch noch immer 100.000 Euro eingetragen sind. Nach zwei Jahren sinkt der Wert (oder besser gesagt die Kaufkraft) auf 94.090 Euro. Im dritten Jahr auf 91.267 Euro. Nach zehn Jahren haben die 100.000 Euro nur noch eine Kaufkraft von 73.742 Euro.

Inflation macht sich bei niedrigen Inflationswerten erst nach ein paar Jahren wirklich bemerkbar. So lange die Löhne und Gehälter steigen und man das Geld, das man verdient, sofort ausgibt, hat man also keine Probleme mit der Inflation. Aber was ist, wenn man sich ein Vermögen aufbauen will? Oder zumindest ein Polster für schlechte Zeiten? Oder das Rentenalter? Dann schlägt die Inflation voll zu und ist ein Faktor, der nicht unberücksichtigt bleiben darf. Warum? Weil sie Ihre gesamten Sparpläne zunichte machen kann.

Die Inflation ist der Hauptgrund, warum Geld zwar einen Wert, aber in meinen Augen keinen *echten* Wert darstellt.

Aber existiert eine Alternative? Gibt es echte Werte?

Sachwerte sind nicht gleich Sachwerte
Wenn Geldwerte ihre Kaufkraft verlieren, flüchten viele Anleger in Sachwerte. Das ist eine typische und verständliche Reaktion. Daher kaufen viele vermögende Menschen beispielsweise in Krisenzeiten Gold. Gold ist ein Sachwert. Und es behält seinen Wert, egal ob in Barrenform, geprägt als

Münze oder als Anteil der Legierung eines Eherings.

Neben Edelmetallen existieren weitere Sachwerte. Manche Anlageberater empfehlen beispielsweise edlen Whiskey. Oder Gemälde. Manche davon machen mehr, manche weniger Sinn. Und während es nicht schlecht ist, einen Teil seines Vermögens in Sachwerte zu investieren, sollte man bedenken, dass all die bisher genannten einen Schwachpunkt haben: Sie erwirtschaften keine Rendite! Ihr Wert hängt allein von Angebot und Nachfrage ab. Und sie lassen sich nur durch ihren Verkauf zu Geld machen.

Daher favorisiere ich Immobilien. *Sie stellen einen Sachwert mit Ertragswert dar.* Anders ausgedrückt: *Sie erwirtschaften regelmäßig Rendite in Form von Mieteinnahmen.*

Immobilien, die ja immer auch mit einem Grundstück verbunden sind, können darüber hinaus nicht unbegrenzt vermehrt werden, wie es zum Beispiel bei Geld möglich ist. Nicht umsonst sagte einmal jemand: „Liebe Leute, kauft Grundstücke, der liebe Gott schafft keine mehr." Jedes Grundstück ist im Grunde einmalig und man muss die Einmaligkeit auch verstehen und zu nutzen wissen.

Es existiert bei Immobilieninvestitionen ein weiterer Aspekt, der oft übersehen wird: die *Hebelwirkung*! Das bedeutet, dass man mit einer relativ geringen Investition relativ viel Geld bewegt und darauf Zinsen erhält. Das ist möglich, weil Immobilien über Kredite finanziert werden können. Wie das im Detail funktioniert und wie man die eigene Rendite optimiert, darauf werden wir später im Detail eingehen.

Wichtig ist an dieser Stelle, dass Sie eines verstehen: Immobilien sind ein Anlageinstrument, das der Inflation trotzt und ständig Ertrag generiert, und sie sind Werkzeuge, um sich mit relativ wenig Aufwand ein Vermögen aufzubauen. Ich erwähnte in der Einführung dieses Buches, dass neun von zehn Millionären ihr Vermögen mit Hilfe von Immobilien aufgebaut haben. Warum sollten Sie es ihnen nicht gleichtun?

Doch bevor wir in das Insider-Know-how rund um die Immobilie einsteigen, hier noch ein paar Anmerkungen dazu, warum es sich lohnt, reich zu werden.

Ein Blick auf ideelle Werte
Ist Geld das ultimative Ziel des menschlichen Strebens? Ist es der monetäre Reichtum, den wir anstreben? Wenn man betrachtet, wie sehr manche Menschen hinter Geld her sind, was sie dafür tun, wagen und worauf sie sich einlassen, um es zu bekommen, kann man sich dieses Eindrucks oft nicht erwehren.

Und wie steht es mit Immobilien? Auch sie stellen einen Wert dar, einen Sachwert mit Ertragswert, was bedeutet, dass er für denjenigen, der ihn besitzt, Ertrag in Form von Mieteinnahmen generiert. Ist Immobilienbesitz der Sinn des Lebens? Ist man glücklich, nur weil man viele Immobilien besitzt? Nein, nicht unbedingt.

Geld- und Sachwerte zu besitzen ist praktisch. Es ist weitaus besser, als nichts zu besitzen oder gar Schulden zu haben. Aber sie sind nur ein *Mittel zum Zweck*, kein Selbstzweck!

Was ist uns wirklich wichtig, was sind die Werte, die zählen? Gesundheit. Familie. Freunde. Freude am Leben. Sicherheit. Integrität. Der Stolz über etwas Erreichtes. Das ist es, was jeder von uns anstreben sollte.

Und was haben Geld und Immobilien damit zu tun?

Gute Frage.

Tatsächlich eine ganze Menge.

Wie steht es mit Immobilien? Sie sind etwas unpraktisch, wenn man etwas kaufen will. Schließlich kann man sie schlecht in die Brieftasche stecken oder damit den Einkauf im Supermarkt bezahlen. Dennoch stellen sie ein Vermögen dar und können, durch Vermietung und Verkauf, in Geld umgewandelt werden.

Zudem kann ihr Erwerb und Besitz durchaus zu Werten wie Stolz führen. Ich habe viele Menschen kennengelernt, die einiges auf sich genommen haben, um die eigenen vier Wände zu erwerben. Aber der Aufwand hatte sich gelohnt, denn aus ihnen wurden stolze Immobilienbesitzer. Zufriedene Immobilienbesitzer. Menschen, die ihre Unsicherheiten und Zurückhaltungen überwunden hatten und mit einem enormen Sachwert belohnt wurden.

Dabei geht es nicht darum, vor anderen zu prahlen. Es geht um den Stolz, etwas geschaffen zu haben. Sich etwas aufgebaut zu haben.

Nachdem der Beruf gesichert und die Stellung und Einnahmen stabil sind, kann die Überlegung, Immobilieneigentum zu erwerben, sinnvoll sein. Dabei gilt es einige Hindernisse zu überwinden. Nicht nur finanzielle, die man in Zahlen, Kreditraten und dergleichen ausdrücken kann. Sondern auch geistige und emotionale.

Einen Betrag von 50.000 Euro, 100.000 Euro oder 200.000 Euro in die erste Immobilie zu investieren, das ist eine Entscheidung, die einem schlaflose Nächte bereiten kann. Schließlich entspricht das je nach Einkommen dem Verdienst mehrerer Jahre. Man wägt das Für und Wider ab, versucht alle Faktoren einzukalkulieren und keine Variable außer Acht zu lassen. Dann sind viele kleine Schritte nötig, bis man die richtige Immobilie gefunden, finanziert und schließlich gekauft hat. Auch dabei existieren viele Punkte, an denen man vielleicht aufgeben will. Schafft man es aber durchzuhalten und Immobilienbesitzer zu werden, erfüllt einen das mit Stolz.

Auf diese Weise können echte Werte, können Immobilien dazu beitragen, Ihr Leben und Ihre Lebensqualität zu verbessern.

Wie das im Detail funktioniert und wieso man mit Immobilien bei relativ geringem Aufwand relativ hohen Gewinn erzielt, das werden wir im Verlauf dieses Buches durchleuchten.

Zusammenfassung:

1. Das Problem bei allen Geldsystemen, die nicht wie der Goldstandard auf realen Werten beruhen, besteht darin, dass der Wert des Geldes grundsätzlich manipuliert werden kann. Gewöhnlich haben Regierungen und Zentralbanken daran gearbeitet, eine gewisse Inflation aufrecht zu erhalten.

2. Geld stellt einen Wert dar, keine Frage. Allerdings unterliegt es gewöhnlich der Inflation, was bedeutet, dass es im Laufe der Zeit an Wert verliert. Durch Inflation gewinnen Schuldner und verlieren Sparer. Sie ist der Hauptgrund, warum Geld zwar einen Wert, aber in meinen Augen keinen *echten* Wert darstellt.

3. Während es nicht schlecht ist, einen Teil seines Vermögens in Sachwerte zu investieren, sollte man bedenken, dass viele von ihnen, wie etwa Gold, einen Schwachpunkt haben: Sie erwirtschaften keine Rendite! Ihr Wert hängt allein von Angebot und Nachfrage ab. Und sie lassen sich nur durch ihren Verkauf zu Geld machen. Daher favorisiere ich Immobilien. Sie stellen einen *Sachwert mit Ertragswert* dar. Anders ausgedrückt: *Sie erwirtschaften regelmäßig Rendite in Form von Mieteinnahmen.*

4. Geld- und Sachwerte sind nur ein *Mittel zum Zweck*, kein Selbstzweck!

5. Was sind die echten Werte, diejenigen, die zählen? Gesundheit. Familie. Freunde. Freude am Leben. Sicherheit. Integrität. Der Stolz über etwas Erreichtes.

6. Mit Geld kann man diejenigen Dinge erwerben, die das Leben angenehmer machen. Es kann uns helfen, gesund zu bleiben, indem wir uns damit gutes Essen, Kleidung, Unterkunft und medizinische Versorgung kaufen können. Das gilt ebenso für unsere Familie. Sein Besitz bietet auch eine gewisse Sicherheit.

7. Immobilien stellen einen Sachwert mit Ertragswert dar, was bedeutet, dass sie für denjenigen, der sie besitzt, Ertrag in Form von Mieteinnahmen generieren. Zudem können Sie durch Verkauf in Geld umgewandelt werden.

6. Kurz und knapp: Die Geschichte des Geldes

Geld ist das zweite Blut.
Johann Wolfgang von Goethe

Aus der Dämmerung der Zeit hielt das Geld vor vielen Tausend Jahren Einzug in das Leben der Menschen. Irgendwann war es ihnen zu lästig geworden und einfach unpraktisch, reinen Tauschhandel zu betreiben. Also begannen sie, einen Ersatz für Waren und Dienstleistungen einzuführen. Dabei kamen anfangs oft Münzen aus Edelmetallen wie Gold und Silber zum Einsatz. Bereits die alten Griechen und Römer setzten Geld ein. Auch Bankgeschäfte werden, in ihrer ursprünglichen Form, schon seit der Antike durchgeführt. Das schließt sowohl Kreditgeschäfte wie auch Konten mit ein.

Viele der Begriffe, die wir im heutigen Bankwesen verwenden, stammen aus Italien. Dort, genauer gesagt in Genua, arbeiteten im 12. Jahrhundert Geldwechsler, die *Bancherii*. Allerdings wickelten sie ihre Geschäfte damals noch nicht in prächtigen Bankhäusern, sondern auf der Straße ab. Alles, was sie für ihre Arbeit benötigten, trugen sie am Leib: ein *banco*, also ein Rechen-Zählbrett, ein Säckchen für Münzen und eine Tasche für Wechsel. Sobald sich ein Bancherii unsauberer Geschäftspraktiken bediente, wurde sein Zählbrett zerschlagen. Das bezeichnete man als *Banco rotto*, einem Begriff, aus dem sich das Wort *bankrott* herleitet. *

(* Quelle: Kempe/Haible/Mehler, *Ratgeber Bank*, Wilhelm Heyne Verlag, München, 1987², Seite 15f)

Bargeldlose Geldgeschäfte waren bereits im 12. Jahrhundert gang und gäbe. Private Kaufleute führten das Geldwechselgeschäft ein, woraus sich der heute bekannte Giroverkehr entwickelte. * Wobei angemerkt werden sollte, dass die Geldwechsel damals – anders als heute – noch voll durch bares Münzgeld gedeckt waren. Als sich die Regierung unseres Landes für die Einführung des Papiergeldes entschied, standen die Deutschen dieser neuen Währung äußerst skeptisch gegenüber. Im Brockhaus Conversations-Lexikon von 1820 gibt folgender Satz die allgemein verbreitete Einstellung wieder: „Papiergeld ist in so vielen Ohren ein so furchtbarer Ton, dass sie schon bei dem bloßen Namen desselben erschrecken." ** Wie wir inzwischen wissen, hat sich das buntbedruckte Papier als Zahlungsmittel voll durchgesetzt.
(* Vgl. Günter Ashauer u. a. (Hrsg.), Deutsche Bankengeschichte, Band 1, Frankfurt/Main, 1982/83, Seite 35ff, zitiert aus Bernd Sprenger, *Das Geld der Deutschen*, Paderborn, 1991, Seite 95)
(** Conversations-Lexikon von Brockhaus, Ausgabe 1820, zitiert aus Bernd Sprenger, *Das Geld der Deutschen*, Paderborn, 1991, Seite 171)

Dieser Tage ist es allerdings so weit, dass Ideen laut werden, Münz- und Papiergeld abzuschaffen. Dafür werden verschiedene Gründe angeführt, etwa, um die Verwendung von Schwarzgeld zu unterbinden oder Kriminellen das Leben schwer zu machen. Ersetzt werden soll das Geld, egal ob in Form von

Münzen oder Scheinen, durch das sogenannte Giralgeld, also Geld, das nur noch als Zahlen auf irgendwelchen Konten existiert. Tatsächlich wird der Großteil der Zahlungen heutzutage längst bargeldlos abgewickelt. Denken Sie nur an die vielen Daueraufträge und sonstigen Überweisungen, die jeden Monat von Ihrem Konto abgebucht werden. Auch Ihr Gehalt wird überwiesen. Das ist übrigens erst seit den 70er Jahren des letzten Jahrhunderts üblich. Damals wurde in unserem Land die bargeldlose Zahlung von Löhnen und Gehältern eingeführt. Das führte zu einem sagenhaften Aufschwung des Bankensektors, der sich um Privatkunden kümmerte. Durch Einsatz von Computersystemen und immer neuen Produkten wie etwa Kreditkarten, expandierte dieser Bereich enorm. * Zumindest bis zur letzten Bankenkrise. Seitdem müssen Banker ihren Gürtel wieder enger schnallen und die deutschen Banken haben viele Zweigstellen wegrationalisiert.
(* Quelle: Kempe/Haible/Mehler, *Ratgeber Bank*, Wilhelm Heyne Verlag, München, 1987[2], Seite 21)

Von etwa 1870 bis zum Beginn des Ersten Weltkriegs war das Papiergeld der meisten westlichen Staaten durch Gold gedeckt. Das bedeutet, dass man seine Geldscheine tatsächlich gegen Gold eintauschen konnte. Dieser *Goldstandard* hielt Regierungen davon ab, einfach nach Lust und Laune Geldscheine zu drucken, um sich so Geld zu beschaffen. Durch die hohen Kosten des Krieges wurde dieses System allerdings ausgesetzt, so dass der Goldstandard 1914 praktisch abgeschafft war

beziehungsweise gelockert wurde. Im Juni 1944 wurde eine neue Währungsordnung geschaffen, nach dem Ort, in dem die damit zusammenhängende Konferenz stattfand, als *Bretton-Woods-System* bezeichnet. Dort wurde auch die Schaffung der *Weltbank* und des *Internationale Währungsfonds* (IWF) beschlossen. Diese Maßnahmen waren dazu gedacht, die wirtschaftlichen Probleme, die durch die Weltwirtschaftskrise und den Zweiten Weltkrieg verursacht worden waren, zu beseitigen. Tatsächlich wurde damals der US-Dollar zur internationalen Leitwährung erhoben und ein System fester Wechselkurse etabliert. Als der Dollar aber in den folgenden Jahrzehnten gegenüber anderen Währungen immer mehr an Wert verlor, geriet das Bretton-Woods-System in die Krise und wurde 1973 ganz abgeschafft. An seine Stelle trat ein System flexibler Wechselkurse. *
(* Quelle: Wikipedia, Stichwörter *Goldstandard* und *Bretton-Woods-System*.)

Seit 1973 haben viele Ereignisse den Wert von Geld beeinflusst. Da waren etwa die Ölkrisen, die zu steigender Inflation, also Geldentwertung, geführt haben. Dann gab es verschiedene Krisen an den internationalen Börsen. Denken Sie nur etwa an den Börsencrash in den USA im Jahr 1987. Oder an die Dotcom-Blase, die im Jahr 2000 platzte, bei der ebenfalls Milliardenvermögen vernichtet wurden. Auch die Terroranschläge vom 11. September versetzten die internationalen Börsen in Aufruhr. Ganz zu schweigen von der Finanzkrise, die durch den Konkurs von Lehman Brothers im Jahre 2007 ausgelöst wurde.

Trotz all der Wandlungen, denen das Geld in den letzten Jahrtausenden ausgesetzt war, ist sein grundlegender Zweck immer noch vorhanden. Tatsächlich stellt es in jeglicher Form ein Tauschmittel dar, das einen bestimmten Wert repräsentiert. Einen Platzhalter sozusagen, dem ein bestimmter Wert zugewiesen wird.

Dass dieser Wert aber zuweilen ins Schwanken geraten kann und welche Auswirkungen damit verbunden sind, betrachten wir in einem späteren Kapitel genauer.

Zusammenfassung:

1. Geld stellt in jeglicher Form ein Tauschmittel dar, das einen bestimmten Wert repräsentiert.

2. Geldwechsel waren früher – anders als heute – noch voll durch bares Münzgeld gedeckt.

3. Heutzutage wird der Großteil der Geldzahlungen bargeldlos abgewickelt.

4. Durch den von etwa 1870 bis 1914 existierenden *Goldstandard* wurden Regierungen davon abgehalten, einfach nach Lust und Laune Geldscheine zu drucken, um sich so Geld zu beschaffen.

5. Von 1944 bis 1973 wurde als Währungsordnung das *Bretton-Woods-System* verwendet.

7. Noch ein Motivationsschub

Geld ist geprägte Freiheit.
Fjodor Michailowitsch Dostojewski

Sind Sie bereit, sich mit Immobilien zu beschäftigen? Echte Werte zu schaffen? Mit Immobilien erfolgreich zu sein?

Falls Sie sicher sind, können Sie dieses Kapitel gerne überspringen und direkt in die Materie einsteigen. Falls Sie noch Zweifel haben oder ein wenig Zurückhaltung (was ich gut verstehen kann), dann sollten Sie dieses Kapitel lesen.

Was denken Sie über Geld?
Wie steht es um Ihre Einstellung zu Geld? Was denken Sie darüber? Tatsächlich hat Ihre geistige Einstellung zu Geld etwas damit zu tun, wie Sie damit umgehen. Und natürlich auch, ob Sie viel oder wenig davon besitzen.

Geld hat in Deutschland nicht den besten Ruf. Wir alle wissen: *Geld verdirbt den Charakter.* Und: *Geld allein macht nicht glücklich.* Will jemand *die schnelle Mark machen*, dann gehen wir gleich davon aus, dass dabei nicht alles mit rechten Dingen zugeht.

Aber stimmt das wirklich?

Oder sind das alles nur Ideen, die uns davon abhalten, viel Geld zu verdienen und zu besitzen?

Hinzu kommt, dass die Deutschen in mancher Hinsicht ein eher bescheidenes Volk sind. Sie laufen nicht herum und lobpreisen ihr Land, wie es etwa die Mexikaner mit *Viva Mexiko!* gerne tun. Und in Sachen Geld heißt es: *Lieber heimlich reich, als unheimlich verschuldet.* Und natürlich: *Wer den Pfennig nicht ehrt, ist des Talers nicht wert.* Was den Umgang mit Geld betrifft, arbeiten viele von uns nach dem Prinzip: *Spare in der Zeit, so hast du in der Not.* Tatsächlich sind wir, anders als etwa die US-Amerikaner, die eher von Kreditkarten-überziehungen leben, ein Volk von Sparern.

Aber was ist das für eine Mentalität, die uns dazu bringt, lieber arm und bescheiden zu bleiben und nichts zu verschwenden? Vielleicht haben wir sie von den Kriegs- und Nachkriegsgenerationen über-nommen. Die mussten wirklich mit Geld haushalten. Und sparen. Und selbst dann hatten sie nicht besonders viel. Ihre Häuschen haben sich viele vom Mund abgespart. Nun ja, die Zeiten waren nicht einfach, sicher nicht.

Die Zeiten ändern sich
Aber was ist jetzt? Es gibt nach wie vor einige Missstände, die behoben werden müssen. Und tatsächlich leben Millionen von Deutschen unter dem Armutsniveau. Der Großteil der Bevölkerung aber, dem geht es finanziell gut. Und wir verfügen heutzutage über Freiheiten und Möglichkeiten, von denen man in der Nachkriegszeit nur hat träumen können.

Viele fast unerschwingliche Luxusgüter von damals, wie Autos und Fernsehgeräte, kann sich heute fast jeder leisten und tut es auch. Die Kommunikation ist dank Smartphones und Internet enorm schnell und günstig geworden. Die medizinische Versorgung ist im Vergleich zu früher exzellent. Der Kalte Krieg ist vorbei, man kann in fast alle Länder der Welt ohne Probleme reisen. Und innerhalb der Eurozone muss man sich nicht einmal die Mühe machen, Geld zu wechseln. Hinzu kommt die Freiheit, zu wohnen, wo man will. Innerhalb von Europa ist das kein Problem mehr.

Ich könnte die Liste der Errungenschaften und Möglichkeiten noch fortführen, aber Sie haben sicher verstanden, dass wir in einer guten Zeit leben. Einer Zeit von Möglichkeiten und Chancen. Es gilt nur, ein paar alte Vorstellungen über Bord zu werfen. Und die Chancen zu ergreifen.

Ordnen Sie Ihre Gedanken neu!
Nehmen Sie sich einen Augenblick Zeit und analysieren Sie Ihre Ideen über Geld. Und Vermögen. Reichtum. Finden Sie heraus, was für Gedanken Ihnen zu diesen Themen in den Kopf kommen und überlegen Sie, ob sie korrekt sind oder nicht. Oft schleppt man altes Gedankengut mit sich herum, das einmal korrekt gewesen sein mag, es in der Gegenwart aber nicht mehr ist. Das Leben besteht aus Veränderung. Entsprechend ändern sich Situationen und wir müssen das, was wir einmal gedacht haben, neu bewerten.

Ein empfehlenswertes Buch zum Thema Geld ist *Der Weg zur finanziellen Freiheit* von Bodo Schäfer, dessen Lektüre ich Ihnen ans Herz legen möchte. Interessant ist insbesondere der erste Teil, in dem es darum geht, seinen Gesichtspunkt bezüglich Geld zu analysieren, überdenken und neu zu ordnen.

So weit, so gut. Steigen wir nur direkt in das Thema Vermögensaufbau ein!

Zusammenfassung:

1. Tatsächlich hat Ihre geistige Einstellung zu Geld etwas damit zu tun, wie Sie damit umgehen. Und natürlich auch, ob Sie viel oder wenig davon besitzen.

2. Wir leben in einer Zeit von Möglichkeiten und Chancen. Es gilt nur, ein paar alte Vorstellungen über Bord zu werfen. Und die Chancen zu ergreifen.

3. Das Leben besteht aus Veränderung. Entsprechend ändern sich Situationen und wir müssen das, was wir einmal gedacht haben, neu bewerten.

II. Strategien für Immobilien-Erfolg

1. Die besten Strategien für Ihren Vermögensaufbau

Reich wird man nicht von dem Geld,
das man verdient,
sondern von dem,
das man nicht ausgibt.
Henry Ford

Wie baut man ein Vermögen auf? Welche Schritte muss man dafür unternehmen? Und welche Fehler gilt es zu vermeiden? Einfache Fragen, auf die es sicher mehrere Antworten geben kann. Verschiedene Ratgeber empfehlen wahrscheinlich unterschiedliche Methoden. Und sicher gibt es nicht nur die eine Methode, wie es funktioniert.

Ich persönlich betrachte Immobilien als zentralen Baustein soliden Vermögensaufbaus. Jemand anders mag Aktien bevorzugen. Gegen Aktien ist nichts zu sagen, sofern man schon ein Vermögen besitzt. Aber mit Aktien ein Vermögen aufbauen? Das ist nicht leicht. Und weitaus risikoreicher als mit Immobilien.

Vielleicht sollten wir zunächst einmal einen Blick darauf werfen, wie es nicht geht.

Sparen, sparen und weiter sparen!
Wenn sich Ottonormalverbraucher ein Vermögen aufbauen will, denkt er zunächst an *Sparen*. Das ist grundsätzlich <u>richtig</u>!

Nehmen wir an, dass er jeden Monat 200 Euro sparen kann. Im Jahr wären das 2.400 Euro. Wenn er das 30 Jahre durchhält, kommt er auf 72.000 Euro. Das ist eine Menge Geld, allerdings kein Vermögen. Sparen allein reicht also offensichtlich nicht aus.

Ein weiteres Problem: Er kämpft dabei gegen die Inflation an! Dadurch sind die 72.000 Euro nach 30 Jahren nicht mehr so viel wert wie heute. Zwar ist anzunehmen, dass er zumindest einen Teil des Inflationsverlustes durch Zinsen ausgleichen kann, aber er wird am Ende kaum über 72.000 Euro hinauskommen.

Dabei ist es egal, ob er seine Ersparnisse auf einem Sparbuch einzahlt, in einen Sparplan, einen Bausparvertrag oder eine Kapitallebensversicherung. All dies sind im Grunde schlecht verzinste Methoden, sein Geld anzulegen. Dabei ist das Sparbuch noch am flexibelsten und daher zumindest dazu geeignet, ein wenig Geld zur Seite zu legen. Vom Bausparvertrag und der Kapitallebensversicherung sollte man die Finger lassen, denn sie binden das Geld und es fallen darüber hinaus in manchen Fällen auch noch Gebühren an. Das bedeutet nicht, dass Sie Ihre Kapitallebensversicherung kündigen sollen, wenn Sie bereits eine haben. Wie man sie sinnvoll einsetzt, erkläre ich in einem späteren Kapitel.

Sparen *allein* funktioniert also <u>nicht</u>, um wirklich vermögend zu werden.

Sparen statt konsumieren

Auch wenn sparen *allein* nicht der richtige Weg ist, muss man sparen. Es ist ein wichtiger Aspekt dabei, sich ein Vermögen aufzubauen. Aber manche Menschen scheitern schon daran. Sie schaffen es einfach nicht, mindestens 10 Prozent ihrer Einnahmen auf die Seite zu legen. Und wenn sie es doch irgendwie hinbekommen, greifen sie irgendwann ihre Ersparnisse an, um davon in den Urlaub zu fahren oder Konsumgüter zu kaufen.

Um das zu verhindern, empfehle ich die *Guns-and-Butter-Philosphie*. Konsum oder Vermögen. Guns and Butter – Kanonen und Butter. Guns steht für jegliche Art von Vermögensanlage oder Sparen. Butter bezieht sich auf angenehme Luxusgüter und -dienstleistungen wie exquisite Kleidung, neueste Handys der oberen Preisklasse, Einbauküchen, feines Essen, Urlaub etc. Viele Menschen erstehen mit ihrem Geld nun wenig Guns, aber sehr viel Butter. Dies führt dazu, dass sie keinerlei Vermögen aufbauen und aufgrund der Inflation und anderer Faktoren bald über zu wenig Geld verfügen, um sich Butter leisten zu können. Sie stehen also ohne irgendeine Kaufkraft dar. Andersherum können diejenigen, die in Guns investieren und an der Butter sparen, bald Gewinne erwirtschaften und sich ausreichend Butter leisten. Der grundlegende Unterschied zwischen dem Erwerb von Butter oder Guns liegt eigentlich darin, inwieweit man sich der Zukunft bewusst und bereit ist, etwas dafür zu unternehmen, damit man auch in Zukunft etwas besitzt.

Der erste Schritt, um sich ein Vermögen aufzubauen, besteht darin, zu sparen. Und dafür muss man zuweilen auf Butter verzichten.

Tatsächlich muss man aber, bevor man überhaupt sparen und anschließend investieren kann, Geld verdienen. Die genaue Reihenfolge, wie man vorgehen sollte, wird in der Philosophie der *Drei Säulen der Vermögensbildung* beschrieben.

Die drei Säulen der Vermögensbildung

Wenn man nicht mit einem silbernen Löffel im Mund geboren wird, sind drei Faktoren nötig, um sich ein Vermögen aufzubauen: Arbeitskraft, Geldwerte und Sachwerte.

Die erste Säule ist Ihre *Arbeitskraft*. Sie führt zu Einkommen. Dieses können Sie durch Weiterbildung, Flexibilität, Zuverlässigkeit, Überstunden oder durch einen Nebenjob erhöhen. Mit einer Berufsunfähigkeits- und Unfallversicherung können Sie diese Einnahmequelle zumindest teilweise absichern. Und durch Verzicht auf unnötige Ausgaben (siehe Guns-and-Butter-Philosophie) und Konsumkredite sorgen Sie dafür, dass Ihre Arbeitskraft zum maximal möglichen *verfügbaren* Einkommen führt. Das Ziel ist eine Sparquote von mindestens zehn Prozent. Bei diesem Wert müssen Sie Ihren Lebensstandard nicht allzu sehr reduzieren. Eine höhere Quote würde Sie Ihre Vermögensziele schneller erreichen lassen. Das Geld, das Sie sparen, wird für den Aufbau der zweiten Säule verwendet.

Die zweite Säule besteht aus *Geldwerten*. Hier geht es darum, zu sparen und sich so ein Polster für Notfälle und Investitionen anzulegen. Im Idealfall sollten Sie über genügend Geldwerte verfügen, um sechs bis zwölf Monate ohne Einnahmen auszukommen. Sie sind dann auch nicht auf Dispo- oder Ratenkredite angewiesen, genießen somit schon eine gewisse finanzielle Freiheit und werden nicht bei jeder Dispoüberziehung von Ihrem Banker für ein Gespräch bestellt. Bei der Frage, in welche Werte man investiert, steht Sicherheit an erster Stelle. Einen kleinen Teil können Sie zur schnellen Verfügung auf einem Sparbuch oder Tagesgeld- konto deponieren. Wenn Sie bereits eine Kapitallebensversicherung oder einen Bauspar- vertrag abgeschlossen haben, können Sie diesen weiterlaufen lassen. Neue Verträge abzuschließen ist zumeist nicht sinnvoll, nicht in der aktuellen Niedrigzinsphase.

Grundsätzlich sollte man die zweite Säule zunächst mit risikoarmen Investitionen (Barreserve, Spar- konto, Sparvertrag, Staatsanleihen etc.) aufbauen. Mit zunehmendem Vermögen kann man einen Teil seines Kapitals in risikoreichere, dafür aber höher verzinste Anlagen (Fonds, Aktien etc.) investieren.

Die zweite Säule ist es, die Ihnen *Liquidität* gibt. Ohne eine gewisse Liquidität kommen Sie in unserer Gesellschaft nicht zurecht. Nicht vergessen sollte man auch den kaufmännischen Grundsatz: *Liquidität kommt vor Gewinn.* Es ist fatal, wenn man eine wertvolle Immobilie besitzt, aber aufgrund mangelnder Liquidität die Kreditraten nicht zahlen kann. Dann besteht nämlich die Gefahr, die Immobilie zu verlieren. Eine solche Situation kann zum Beispiel gegeben sein, wenn die Immobilie erst renoviert werden muss, bevor man sie vermieten kann. Dann braucht man Geld, um diese Phase, in der keine Mieteinnahmen fließen, zu überbrücken. Daher kommt erst die zweite und dann die dritte Säule.

Wenn Sie die erste Säule gefestigt und die zweite aufgebaut haben, folgt die dritte Säule, die Ihrem Vermögensaufbau Inflationsschutz und eine große Hebelwirkung hinzufügt: *Sachwerte in Form von Immobilien.* Genauer gesagt in Form von vermieteten Wohnimmobilien. Auf diese Säule werden wir im weiteren Verlauf des Buches noch genauer eingehen. Hier geht es darum, Immobilien auszuwählen, die langfristig vermietbar sind, sich selbst tragen und sich ohne großen Aufwand bewirtschaften lassen. Die dritte Säule ist so ausgelegt, dass sie sich über eine Zeit von zehn und mehr Jahren aufbaut und Ihre Arbeitskraft spätestens mit Eintritt in das Rentenalter ersetzen kann (zusätzlich zur betrieblichen oder staatlichen Rente). Und die dritte Säule ist es auch, mit der sich wirklich ein Vermögen aufbauen lässt. Wie? Indem man das Geld anderer Leute (Banken und Mieter) nutzt, um sich ein Vermögen aufzubauen.

Gewöhnlich findet der Einstieg mit einer einzelnen Eigentumswohnung statt, deren Kaufpreis im Verhältnis zu Ihrem Einkommen nicht zu hoch sein sollte. Bei dieser Vorgehensweise ist das Risiko gering und man hat Gelegenheit, sich mit der Materie Immobilie und all den damit verbundenen Faktoren auseinanderzusetzen.

Fröhliches Investieren in Aktien
Und was ist mit Aktien? Schließlich lassen sich damit scheinbar hohe Renditen erzielen. Nun, das stimmt, man kann mit Aktien viel Geld verdienen. Der Börsenguru André Kostolany hat einmal auf einem seiner Vorträge erzählt, dass er mit 51 Prozent seiner Entscheidungen bezüglich Aktieninvestments richtig lag und mit 49 Prozent falsch. Mit diesen paar Prozent Unterschied hat er Millionen verdient. Also stimmt es, man kann mit Aktien Millionen verdienen. Dumm ist es nur, wenn man nur zu 49 Prozent richtig liegt und zu 51 Prozent daneben, dann macht man nämlich Verluste.

Das Problem mit Aktien besteht darin, dass der Markt vor allem durch Angebot und Nachfrage bestimmt wird, selten durch tatsächliche Leistungen von Unternehmen. Großinvestoren, die mit Hunderten von Millionen Euro spekulieren, können die Kurse durch geschickte Käufe und Verkäufe manipulieren und tun es auch. Der kleine Anleger, der „nur" ein paarhunderttausend Euro anlegt, kann das nicht. Gegen diese „Geldaristokratie" hat er keine Chance. Natürlich kann er Glück haben, im Fahrwasser der Großen mitschwimmen und gutes Geld verdienen. Da kann man aber auch Roulette spielen, wo die maximale Chance zu gewinnen bei 48,6 Prozent liegt, wenn man beispielsweise auf rot oder schwarz setzt.

Ein weiteres Problem ist das eingesetzte Kapital.
Wenn wir von unserem Sparer ausgehen, der 200
Euro im Monat spart, dann hat er nach einem Jahr
2.400 Euro zusammen. Das ist relativ wenig Geld,
um damit an der Börse zu spekulieren. Nach zehn
Jahren hat er 24.000 Euro, das ist schon besser.
Aber was, wenn er verliert? Wenn sein Erspartes
durch Investitionen in die falschen Aktien auf
20.000 oder 10.000 Euro reduziert wird? Das wäre
ein herber Rückschlag! Nein, Aktien sind eine
interessante Geldanlage, aber erst dann, wenn man
so viel Vermögen besitzt, dass es einem nichts
ausmacht, wenn man einen vier- oder fünfstelligen
Betrag verliert.

Der Börsenprofi Mick Knauff empfiehlt bei
Aktieninvestments mit einem Startkapital von
30.000 Euro zu beginnen. Und: Er empfiehlt
ebenfalls Immobilien, die er als das „zweite Herz
der Vermögensanlage" bezeichnet. Und wenn er
schreibt, dass nur 43 Prozent der Deutschen
Immobilienvermögen besitzen und sich dieses von
den restlichen 57 Prozent der Bevölkerung (den
Mietern) finanzieren lassen, kann ich ihm nur voll
und ganz zustimmen. Ebenso zu seiner folgenden
Aussage: „Ob Sie eine Immobilie zur Eigennutzung
oder zur Fremdvermietung erwerben, spielt am
Ende keine Rolle. Wichtig ist, dass Sie eine
Immobilie erwerben. Es muss keine große oder
besonders luxuriöse sein, aber anfangen müssen
Sie." *
(* Quelle: *Mick Knauff's Vermögensformel*, 2017,
Seite 24)

Mein Tipp: Investieren Sie in Immobilien. Wenn Sie dann irgendwann mal 30.000 Euro übrig haben, können Sie in Aktien investieren, sofern Ihnen das liegt.

Die Basis Ihres Vermögensaufbaus
Wenn Sie ein Vermögen anstreben, ist es gut zu wissen, wo Sie aktuell stehen. Damit kennen Sie Ihre Ausgangsposition und wissen, was Ihnen noch fehlt, um Ihr Vermögensziel zu erreichen. Darüber hinaus ist eine solche Aufstellung auch bei der Kreditaufnahme wichtig, da Sie Sicherheiten benötigen, um eine Immobilie zu finanzieren.

Zu Aktiva (Besitz und Vermögen) zählen vor allem Geldwerte, aber auch Sachwerte wie Immobilien. Autos werden von Banken gewöhnlich nicht als Aktiva betrachtet, aber für Ihre eigenen Zwecke können Sie sie zur Liste hinzufügen. Wie viel Sie an Bargeld besitzen und wie der Stand Ihrer Konten ist, können Sie leicht herausfinden. Bei einer Kapitallebensversicherung wird der Betrag, den man schon angespart hat, als Rückkaufwert bezeichnet. Den können Sie bei der Versicherungsgesellschaft erfragen. Gold- und Silbermünzen gehören ebenfalls zu Aktiva, eventuell auch andere Wertgegenstände, sofern sie tatsächlich zu Geld gemacht werden können. Ideelle Werte zählen nicht dazu.

Unter *Passiva* (Schulden) fallen alle Kredite und sonstigen finanziellen Verpflichtungen. Dazu gehört der Dispo genauso wie eine eventuelle

Restschuld eines Darlehen. Auch Privatschulden fallen darunter.

Erstellen Sie also am besten gleich jetzt eine Liste Ihrer Aktiva und Passiva. Dann wissen Sie, wo Sie finanziell stehen.

Wie Einkommen zu Vermögen wird

Das A und O für Vermögensaufbau ist Disziplin. Man muss kontinuierlich mindestens zehn Prozent seines Nettoeinkommens zur Seite legen und allen Versuchungen widerstehen, diese Rücklagen auszugeben. Das hört sich einfach an, ist es in der Praxis aber nicht immer. Die Werbung, die uns jeden Tag aus Fernsehen, Internet und Druckerzeugnissen anlächelt, ist darauf angelegt, dass wir Geld ausgeben, um zu konsumieren. Und natürlich wollen wir auch etwas vom Leben haben. Wäre das nicht so, hätte es auch keinen Sinn, überhaupt zu sparen. Der Grund, warum man sich überhaupt die Mühe macht, die erste, zweite und schließlich die dritte Säule der Vermögensbildung aufzubauen, besteht ja darin, dass man in Zukunft mehr konsumieren kann. Es handelt sich hier um eine persönliche Entscheidung, die jeder für sich selbst treffen muss. Da es mehrere Jahre dauert, die zweite Säule aufzubauen, ist Durchhaltevermögen gefragt. Und man hält umso besser durch, je mehr man sich eines lohnenswerten Zieles bewusst ist. Und das Ziel lautet hierbei Vermögensaufbau mit all den damit verbundenen Annehmlichkeiten. Die Alternative besteht darin, niemals über ein Vermögen zu verfügen und somit immer, Zeit seines Lebens, finanziell abhängig zu sein.

Viele Anleger, die Geldwerte ansparen, geben nach wenigen Jahren auf. Über 50 Prozent der Verträge für Kapitallebensversicherungen werden innerhalb der ersten sieben Jahre Laufzeit gekündigt. Teilweise aus der Notwendigkeit heraus, seinen Zahlungsverpflichtungen nachzukommen, sicherlich aber auch, um „etwas vom Leben zu haben", sprich zu konsumieren. Ganz ehrlich: So wird man nicht vermögend. So wird man nicht finanziell unabhängig. Sie sollten daher genau festlegen, was Sie wollen und unbeirrt an diesem Ziel festhalten.

Vermögen definiert

Wie viel Geld- und Sachwerte muss man besitzen, um es ein Vermögen nennen zu können? Wahrscheinlich wird jeder einen anderen Betrag nennen. Für jemanden, der knapp 1.000 Euro im Monat verdient und damit soeben zurecht kommt, können 10.000 Euro ein Vermögen sein. Andere denken dabei an einen Betrag in Millionenhöhe.

Ich definiere ein Vermögen wie folgt: *Genug Werte, um von den daraus erwirtschafteten Geldern ohne zusätzliche Arbeit leben zu können.*

Das kann im Grunde jeder erreichen. Die Frage ist nur, innerhalb welcher Zeitspanne. Und das hängt in hohem Maße davon ab, wie intensiv man daran arbeitet. Natürlich bedeutet das auch nicht, dass man, wenn man das erreicht hat, nicht mehr arbeiten muss. Auch diese Freiheit hat man dann, zu entscheiden, ob man weiter arbeiten möchte oder nicht.

Zusammenfassung:

1. Sparen ist für Vermögensaufbau grundlegend. Aber sparen allein reicht nicht.

2. Die *Guns-and-Butter-Philosphie* hilft dabei, zwischen Sparen und Konsum zu unterscheiden und sich aufs Sparen zu konzentrieren. Der grundlegende Unterschied zwischen dem Erwerb von Butter oder Guns liegt eigentlich darin, inwieweit man sich der Zukunft bewusst und bereit ist, etwas dafür zu unternehmen (also zu sparen), damit man auch in Zukunft etwas besitzt.

3. Die drei Säulen der Vermögensbildung sind: *Arbeitskraft, Geldwerte* und *Sachwerte*. Man muss sich zuerst um seine Arbeitskraft kümmern, um ein möglichst gutes Einkommen zu erhalten, dann in Geldwerte investieren, also sparen, und schließlich Immobilienvermögen erwerben, das letztlich echten Vermögensaufbau ermöglicht.

4. Aktien sind eine interessante Geldanlage, aber erst dann, wenn man so viel Vermögen besitzt, dass es einem nichts ausmacht, wenn man einen vier- oder fünfstelligen Betrag verliert.

5. Um Ihren aktuellen Vermögensstand zu kennen, ist es sinnvoll eine Liste der Aktiva (Besitz und Vermögen) und Passiva (Schulden) aufzustellen.

6. Das A und O für Vermögensaufbau ist Disziplin. Man muss kontinuierlich mindestens zehn Prozent seines Nettoeinkommens zur Seite legen und allen

Versuchungen widerstehen, diese Rücklagen auszugeben.

7. Ich definiere ein Vermögen wie folgt: *Genug Werte, um von den daraus erwirtschafteten Geldern ohne zusätzliche Arbeit leben zu können.*

2. Wie man sich mit Immobilien ein Vermögen aufbaut

Das Geld liegt auf der Straße.
Man muss es nur aufheben.

Unbekannter Verfasser

Wenn man sich mit Immobilienvermögen beschäftigt, betrachtet man eigentlich drei Phasen. Phase 1 ist das *Ansparen von Eigenkapital.* Das ist grundsätzlich für jeden möglich. Man arbeitet und spart so lange, bis man über genug Eigenkapital verfügt, um eine Immobilienfinanzierung zu erhalten. Hierbei sollte man, wie bereits erwähnt, vor allem auf sichere Anlagen setzen. Die Rendite der Geldanlagen ist in der Tat nicht so wichtig wie die Sicherheit, da man in der folgenden Phase mit Hilfe der Immobilien eine große Rendite erzielt. Neben Eigenkapital spielt auch die eigene Bonität eine Rolle, worauf wir im Kapitel über Immobilienfinanzierung genauer eingehen werden.

Phase 2 besteht im *Erwerb und Aufbau von Immobilienvermögen.* Man kauft sich nach und nach Immobilien, die man von Banken finanzieren und Mietern bezahlen lässt. Diese Phase umspannt gewöhnlich mehrere Jahrzehnte, bis schließlich alle Immobilien lastenfrei sind, was bedeutet, dass alle damit verbundenen Darlehen getilgt wurden.

Das führt zur Phase 3 *Nutzung des lastenfreien Immobilienbesitzes.* Diese Phase sollte idealerweise mit Erreichung des Rentenalters beginnen, so dass man finanziell abgesichert ist, wenn man kein

Gehalt mehr bezieht. In dieser Phase verfügt man über ein Immobilienvermögen, das man nutzen und zu gegebener Zeit an seine Kinder weitergeben kann.

Erwerb und Aufbau von Immobilienvermögen
Zur Phase 1 hatte ich bereits einiges gesagt. Daher will ich das an dieser Stelle nicht weiter ausführen. Wenn Sie bereits über einiges an Eigenkapital verfügen, entweder durch Sparen oder eine Erbschaft, können Sie mit Phase 2 beginnen. Das ist die Phase, um die es in diesem Buch hauptsächlich geht.

Ich will anhand eines Beispiels aufzeigen, wie man dabei vorgeht. Die tatsächlichen Zahlenwerte werden in der Praxis von den hier verwendeten abweichen. Auch mag es Ihre finanzielle Situation sinnvoll erscheinen lassen, mit weniger oder auch mehr Immobilienvermögen zu arbeiten.

Ihre erste Immobilie
Nehmen wir an, Sie haben 10.000 Euro gespart. Das ist Ihr Eigenkapital. Was machen Sie damit? Sich eine Immobilie kaufen, die 10.000 Euro kostet? Nein, auf keinen Fall! Wenn Sie nämlich Ihr Kapitel einsetzen, um damit Immobilien direkt zu bezahlen, verzichten Sie auf einen der wichtigsten Faktoren beim Immobiliengeschäft, nämlich die *Hebelwirkung*. Die kommt erst dadurch zustanden, dass Sie mit wenig Geld viel Geld bewegen. Anders ausgedrückt: Die Hebelwirkung entsteht dadurch, dass Sie die Rendite Ihrer Kapitalanlage nicht nur auf Ihr Eigenkapital,

102

sondern auch auf den für den Kauf der Immobilie aufgenommenen Kredit erhalten.

Wie gehen Sie also sinnvollerweise vor? Sie kaufen sich eine Immobilie für 100.000 Euro. Den Kaufpreis finanzieren Sie, was bedeutet, dass Sie einen Kredit in Höhe von 100.000 Euro aufnehmen. Die 10.000 Euro Eigenkapital verwenden Sie, um die Kaufnebenkosten zu bezahlen (Notar, Grunderwerbsteuer etc.). Sie erhalten dann die Mietrendite für eine Wohnung im Wert von 100.000 Euro, nicht für eine im Wert von 10.000 Euro, also das Zehnfache.

Betrachten wir das anhand eines Beispiels. Angenommen, die Immobilie, eine Eigentums- wohnung, hat eine Fläche von 50 Quadratmetern. Sie erhalten Mieteinnahmen in Höhe von 6.000 Euro im Jahr (500 Euro Kaltmiete im Monat). Das ist Ihr Bruttogewinn. Den können Sie aber nicht ganz für sich beanspruchen, denn davon müssen Kosten gedeckt werden. Zum einen die nicht auf den Mieter umlegbaren Nebenkosten, wie etwa Kosten für die Hausverwaltung. Gehen wir dabei von 600 Euro im Jahr aus. Für die Instand- haltungsrücklage noch einmal 250 Euro im Jahr. Rechnen wir zur Sicherheit noch 150 Euro für mögliche Mietausfälle hinzu, dann bleiben von den 6.000 Euro noch 5.000 Euro übrig. Aber auch die können Sie nicht behalten, denn die Bank will auch noch Geld haben. Für den Kredit in Höhe von 100.000 Euro. Bei den aktuell niedrigen Zinsen liegen diese vielleicht bei 2,5 Prozent, was bezogen auf 100.000 Euro einen Zinsbetrag von 2.500 Euro entspricht. Dann muss der Kredit aber auch noch getilgt werden. Bei 2 Prozent Tilgung sind das 2.000 Euro im Jahr. Somit bleiben von den 6.000 Euro Einnahmen im Jahr letztlich nur 500 Euro übrig.

Bezogen auf Ihr eingesetztes Kapital von 10.000 Euro würde das einer Rendite von 5 Prozent entsprechen. Das ist nicht schlecht, weitaus mehr als bei Sparbuch und Konsorten, aber nicht wirklich viel.

Jetzt müssen Sie aber noch Folgendes bedenken: Sie haben zusätzlich 2.000 Euro von Ihrer Immobilie getilgt. Auch diesen Wertzuwachs muss man berücksichtigen.

Weiterhin ist Geld nach einem Jahr weniger wert geworden, während die Immobilie ihren Wert behielt. Bei einer Inflation von zwei Prozent (was niedrig gerechnet ist) entspricht das einem zusätzlichen Wertgewinn von 2.000 Euro.

Sie haben also im Grunde durch Ihre 10.000 Euro nach einem Jahr folgende Gewinne erzielt:

500	Euro Mietüberschuss
2.000	Euro Immobilienwert durch Tilgung des Kredits
2.000	Euro Immobilienwertsteigerung durch Inflation

| 4.500 | Euro Gewinn! |

Bezogen auf das eingesetzte Kapital von 10.000 Euro entspricht das einer Rendite von 45 Prozent! Nicht schlecht, oder?

Dabei gilt es zu beachten, dass Sie diesen Gewinn nicht direkt in Geld umsetzen können. Dennoch ist er da. Und er wird spätestens dann zu Geld, wenn Sie die Immobilie ein paar Jahre später verkaufen.

Aber war es das? Kaufen Sie *eine* Eigentumswohnung und hören dann auf? Gut, sie wäre nach rund 30 Jahren abgezahlt, dann müssten Sie kein Geld mehr an die Bank zahlen und hätten sich ein kleines Zusatzeinkommen geschaffen. Oder Sie verkaufen sie.

Doch es geht noch besser!

Wie es weiter geht
Die erste Immobilie war nur der *Anfang*. Während sie sich durch die Mieteinnahmen quasi selbst finanziert, sorgen Sie dafür, dass alles läuft, und sparen. Dann, sagen wir nach drei Jahren, kaufen Sie Ihre *zweite* Immobilie. Auch eine für 100.000 Euro, mit den gleichen Rahmenwerten wie oben. Damit verfügen Sie bereits über zwei Eigentumswohnungen mit einem Wert von insgesamt über 200.000 Euro. Da Sie vom Kredit der ersten bereits über 6.000 Euro abgezahlt haben, steht dem eine Gesamtbelastung in Höhe von 194.000 Euro gegenüber. (Aufgrund von Zinseszins sind es etwas weniger, aber ich will es bei diesem Beispiel einfach halten.)

Nach sechs Jahren kaufen Sie wieder eine Immobilie für 100.000 Euro. Sie besitzen dann Immobilienvermögen im Wert von über 300.000

Euro. Dem gegenüber stehen bei der ersten 88.000 Euro Belastung, bei der zweiten 94.000 Euro Belastung und bei der dritten natürlich 100.000 Euro, zusammen rund 282.000 Euro.

Nach neun Jahren kaufen Sie die vierte Immobilie, auch wieder für 100.000 Euro. Damit ist Ihr Immobilienvermögen auf über 400.000 Euro angestiegen. Dem gegenüber stehen Belastungen von 82.000 Euro für die erste, 88.000 Euro für die zweite, 94.000 Euro für die dritte und 100.000 Euro für die vierte Immobilie, also insgesamt 364.000 Euro.

Nach zwölf Jahren steigt Ihr Immobilienvermögen mit dem Kauf der fünften Eigentumswohnung auf mehr als eine halbe Million Euro an. Die Entschuldung der zuvor erworbenen vier Wohnungen geht unablässig voran und lässt Ihr Vermögen weiter anwachsen. Die Belastungen liegen inzwischen bei 76.000 Euro für die erste Wohnung, 82.000 Euro für die zweite, 88.000 Euro für die dritte, 94.000 Euro für die vierte und 100.000 Euro für die fünfte, zusammen also bei 440.000 Euro.

Überspringen wir ein paar Jahre. Nach 27 Jahren kaufen Sie Ihre zehnte Eigentumswohnung. Damit hat Ihr Immobilienvermögen die Millionengrenze bereits überschritten. Und wie hoch ist die dem gegenüberstehende Gesamtbelastung? Die liegt bei insgesamt 730.000 Euro. Wenn Sie zu diesem Zeitpunkt aufhören, Immobilien zu kaufen, steigt der Wert Ihres Immobilienvermögens dennoch jedes Jahr allein durch die Darlehenstilgung um

20.000 Euro! Dabei ist die inflationsbedingte Wertsteigerung der Immobilien gar nicht mitgerechnet.

So läuft das Immobiliengeschäft. So baut man sich mit Immobilien echte Werte auf. Und so hat man Erfolg mit Immobilien!

Ein Beispiel aus der Praxis

Vor etwa 15 Jahren hatte ein Leser meines Buches *Wie man mit Immobilien ein Vermögen aufbaut* ein Problem. Er verdiente zwar ganz gut, war bei einem Großkonzern (Nestlé) angestellt, musste aber auch das teure Hobby seiner Ehefrau und der Töchter, finanzieren, nämlich das Reiten. Mit Immobilien hatte er ein wenig Erfahrung, da er bereits mit 19 seine erste Eigentumswohnung gekauft und vermietet hatte. Nun reichten aber seine Einnahmen nicht mehr aus, den Lebensstil seiner Familie zu decken. Er setzte die Ratschläge aus dem Buch um und ersteigerte in Gladbeck für knapp 230.000 Euro ein Mehrfamilienhaus mit sechs Wohnungen, bei dem es noch einige Renovierungsarbeiten durchzuführen galt. Da er selbst in Bottrop wohnte, war das Haus für ihn gut zu erreichen. Er setzte in gewisser Weise die Regel um, dass man das schlechteste Haus in der besten Lage kaufen sollte, denn die Lage war gut. Er renovierte das Haus, vermietete alle Wohnungen innerhalb von drei Monaten und befand sich damit in der Gewinnzone, was bedeutet, dass die Einnahmen über den Kosten für den Kredit lagen. Derzeit hat er bei dem Haus einen Mietertrag von über 40.000 Euro Kaltmiete im Jahr. Bezogen auf den Kaufpreis entspricht das, wenn man die Renovierungskosten mitrechnet, einer Rendite von rund 15 Prozent. Er hat seit damals mehr oder weniger jedes Jahr eine Immobilie gekauft und sein Vermögen so konsequent aufgebaut. Jetzt ist es kein Problem mehr für ihn, die Pferde seiner „Frauen" zu finanzieren. Und ganz nebenbei hat er sich kürzlich einen schwarzen Ferrari mit 560 PS gekauft.

Aus der Not eine Tugend machen

Als ich vor vielen Jahren zusammen mit meinem Bruder als Makler aktiv war, hatte er einem Käufer einer Eigentumswohnung in Düsseldorf eine Vermietungsgarantie gegeben, die wir nicht einhalten konnten. Da der Käufer Rechtsanwalt war und wir kein Interesse an einem Rechtsstreit hatten, mussten wir die Situation irgendwie in Ordnung bringen. Letztlich kaufte meine spätere Frau die Wohnung, erwarb damit ihr erstes Immobilieneigentum und löste unser Problem. Als der Mieter auszog und sie in nicht gerade ansehnlichem Zustand hinterließ, renovierten meine Frau und ich die Wohnung, kauften günstige Möbel und zogen selbst ein. Das war unsere erste gemeinsame Wohnung, zu einer Zeit, als wir noch nicht verheiratet waren (was meine Schwiegermutter entsprechend gerügt hat). Nach zwei Jahren haben wir sie mit Gewinn wieder verkauft. Der Clou: Der Käufer hat nicht nur die Wohnung gekauft, sondern auch alle darin befindlichen Möbel.

Der Faktor Zeit

Sie werden bemerkt haben, dass es beim obigen Beispiel 27 Jahre gedauert hat, bis Sie Ihre zehnte

Immobilie gekauft haben. Wenn Sie jetzt vierzig sind und mehr oder weniger sofort anfangen, könnten Sie es bis zu Rentenalter soeben schaffen. Dann wären zum Renteneintritt zwar nicht alle Immobilien komplett getilgt, was wünschenswert wäre, Sie würden aber trotzdem ein stattliches Vermögen, dessen Wert weiterhin zunimmt, Ihr eigen nennen.

Falls Sie um die dreißig sind, haben Sie zehn Jahre mehr Zeit und werden bis zum Rentenalter über mehrere lastenfreie Eigentumswohnungen verfügen und einige, bei denen die Kredite bereits enorm getilgt sind.

Der Faktor Zeit kommt aber auch auf andere Weise zu tragen. Was, wenn Sie nicht alle drei Jahre eine neue Immobilie kaufen, sondern alle zwei? Oder alle vier? Das würde den Aufbau Ihres Immobilienvermögens beschleunigen oder verlangsamen. In der Praxis hängt es von der individuellen Situation ab, wie schnell man vorgehen sollte. Manchmal ist Ihre Bank schon nach zwei Jahren bereit, eine neue Immobilie zu finanzieren, manchmal erst nach fünf. Das obige Beispiel soll daher nur das Prinzip aufzeigen. In der Praxis spielen eine Menge Faktoren eine Rolle.

Natürlich müssen Sie nicht immer Immobilien im Wert von 100.000 Euro kaufen. Sie können auch kleiner anfangen und sich mit der Zeit steigern. Irgendwann mag es sinnvoll sein, statt Eigentumswohnungen Mehrfamilienhäuser aufzukaufen. Wichtig ist, dass Sie jeden Kauf erst einmal

„verdauen", sprich alle damit verbundenen Aktionen erledigen und dafür sorgen, das die Immobilie vermietet ist und die Mieten fließen. Wenn das einige Zeit lang läuft, können Sie nach dem nächsten Objekt Ausschau halten.

Theorie und Praxis

Theorie ist eine schöne Sache. In der Praxis muss sie sich aber erst bewähren. Die erste Immobilie ist der wichtigste Prüfstein. Sie finden heraus, wie gut Sie mit Immobilien umgehen können, wie das Geschäft läuft, wie man mit Mietern und Hausverwaltungen umgeht und ob Immobilien wirklich das Richtige für Sie sind. Im Laufe der Jahre und mit wachsendem Immobilienvermögen kommen weitere Faktoren hinzu, mit denen Sie umgehen müssen.

Einer der wichtigsten ist der *Zinssatz* für Immobilienkredite. Ist dieser niedrig, steigt Ihr Gewinn, ist er hoch, schmälert das Ihren Gewinn. Vor ein paar Jahren waren die Zinsen so hoch, dass man üblicherweise ein paar Jahre draufzahlen mussten, bevor man überhaupt in die Gewinnzone kam. Heutzutage ist es üblich, dass sich finanzierte Immobilien tragen, die Mieteinnahmen also reichen, um alle Kosten zu decken.

Eine gewichtige Rolle spielt der *Mietzins* (Höhe der Miete). Wenn dieser aufgrund der Inflation und steigender Nachfrage steigt, steigt auch Ihre Rendite. Die Mieten können aber auch stagnieren und, was weniger wahrscheinlich ist, sinken.

Der *Kaufpreis* einer Immobilie im Verhältnis zu erzielbaren Miete ist ebenfalls wichtig. Manchmal überhitzt sich der Markt und in Ballungsgebieten werden Kaufpreise verlangt, die in keinem Verhältnis zu den erzielbaren Mieten stehen. In solch einem Fall muss man einen klaren Kopf bewahren, sich nach lohnenswerten Lagen umschauen und mit kaufmännischem Geschick agieren. Auch für 50.000 Euro kann man renditestarke Immobilien finden. Dann ist zumeist die Lage nicht allzu gut und entsprechend die nachhaltig erzielbare Miete.

Trotz all den sich ändernden Faktoren hat sich der Vermögensaufbau mit Hilfe von Immobilien, wie ich ihn oben aufgezeigt habe, seit Jahrzehnten bewährt. Ich selbst habe mir so ein Millionen-vermögen aufgebaut. Dabei habe ich nicht nur Eigentumswohnungen, sondern irgendwann auch komplette Mehrfamilienhäuser gekauft.

In der aktuellen Niedrigzinsphase leben Immobilieninvestoren wie im Schlaraffenland. Man kann sich günstig Geld leihen und damit hochrentierliche Immobilien kaufen. Das ist eine einmalige Gelegenheit. Eine Gelegenheit, die Sie nutzen sollten!

Natürlich gilt es weitere Faktoren zu beachten, wie die Auswahl der richtigen Immobilien zum angemessenen Preis und noch einige mehr. Dazu kommen wir in Kürze.

Was Sie verstehen müssen, ist: Indem Sie sich im Laufe der Jahre immer mehr vermietete Eigentumswohnungen (oder Mehrfamilienhäuser) anschaffen, diese bewirtschaften und die Kredite tilgen, bauen Sie sich ein enormes Immobilienvermögen auf. Es wird weitaus größer sein als das, was Sie durch reines Sparen erreichen könnten.

Warum?

Weil Sie mit anderer Leute Geld arbeiten!

Zusammenfassung:

1. Wenn man sich mit Immobilienvermögen beschäftigt, betrachtet man eigentlich drei Phasen: Phase 1 ist das *Ansparen von Eigenkapital.* Phase 2 besteht im *Erwerb und Aufbau von Immobilienvermögen.* Phase 3 ist die *Nutzung des lastenfreien Immobilienbesitzes.*

2. Wenn Sie Ihr Kapitel einsetzen, um damit Immobilien direkt zu bezahlen, verzichten Sie auf einen der wichtigsten Faktoren beim Immobiliengeschäft, nämlich die *Hebelwirkung.* Die kommt erst dadurch zustanden, dass Sie mit wenig Geld (Eigenkapital) viel Geld (anderer Leute Geld) bewegen.

3. Indem Sie sich im Laufe der Jahre immer mehr vermietete Eigentumswohnungen (oder Mehrfamilienhäuser) anschaffen, diese bewirtschaften und die Kredite tilgen, bauen Sie sich ein enormes Immobilienvermögen auf. Es wird weitaus größer sein als das, was Sie durch reines Sparen erreichen könnten.

4. Die wichtigsten Faktoren, mit denen Sie dabei umgehen müssen, sind der *Zinssatz* für Immobilienkredite, der *Mietzins* und der *Kaufpreis von Immobilien.*

3. Der Schlüssel zum Vermögen: anderer Leute Geld

Dem Geld darf man nicht nachlaufen,
man muss ihm entgegen kommen.

Aristoteles Onassis

Wie ist es möglich, sich mit Immobilien ein Vermögen aufzubauen? Im letzten Kapitel habe ich Ihnen das anhand eines realen Beispiels aufgezeigt. Aber was sind die eigentlichen Faktoren, die es möglich machen, mit relativ wenig Eigenkapital relativ viel Vermögen zu schaffen?

Die Antwort ist ganz einfach: *anderer Leute Geld!*

Den Großteil des Geldes, das Sie benötigen, müssen Sie nicht selbst einbringen. Das ist der Knackpunkt. Wer spart, um eine Immobilie vollständig bezahlen zu können, kämpft gegen die Inflation an und wird es aufgrund der steigenden Immobilienpreise kaum schaffen, sein Ziel zu erreichen. Und selbst Bausparer, die zwanzig oder dreißig Prozent Eigenkapital zusammengespart haben müssen, bevor die Bausparkasse ihnen den Restbetrag für den Kauf einer Immobilie leiht, brauchen einfach zu lange, bevor sie wirklich kaufen. Nein, das erfolgreiche Prinzip besteht darin, möglichst früh zu kaufen und später zu bezahlen.

Und dafür benutzt man in erster Linie das Geld anderer Leute.

Die Bank, Ihr Freund und Helfer

Zunächst wäre da die finanzierende Bank zu nennen. Sie gewährt Ihnen einen Kredit, um damit eine Immobilie zu kaufen. Für Immobilienkredite verlangt sie weniger Zinsen als für Konsumkredite, weil sie die Immobilie als Sicherheit hat. Sie lassen sich den gesamten Kaufpreis finanzieren und steuern nur die Kaufnebenkosten zu. Bei guter Bonität ist es manchmal sogar möglich, auch diese finanzieren zu lassen. In diesem Fall müssen Sie gar kein Eigenkapital einbringen und können es als Reserve zur Seite legen.

Die Bank arbeitet als Unternehmen auf Gewinne hin. Wenn Sie ein guter Kreditnehmer mit sicherer Anstellung sind, Ihre Raten immer pünktlich zahlen und das Geld wie geplant fließt, leiht Ihnen die Bank gerne Geld. Dafür will sie natürlich etwas als Gegenleistung, und zwar die Zinsen.

Für Sie ist die Bank ein Partner, der Ihnen Geld für den Kauf von Immobilien zur Verfügung stellt, und damit ein äußerst wichtiger Faktor für Ihren Erfolg mit Immobilien.

Ein guter Mieter ist Gold wert

Derjenige, der Ihre Immobilie eigentlich bezahlt, ist der Mieter. Durch seine regelmäßigen Überweisungen auf Ihr Konto finanziert er Ihren Vermögensaufbau. Wenn Mieten regelmäßig und in vereinbarter Höhe fließen, ist alles in Ordnung. Das ist die Energiequelle für Ihren Vermögensaufbau mit Immobilien!

Es ist schon etwas merkwürdig, aber mehr als die Hälfte der Deutschen sind Mieter und bezahlen damit den Vermögensaufbau der anderen. Das „predige" ich schon seit Jahren, um mehr Menschen auf die Seite der Vermieter zu bringen. Dieser Gesichtspunkt wurde mir oft bestätigt. Zuletzt habe ich das sogar – wie schon erwähnt – vom bekannten Aktien-Chefanalysten Mick Knauff gelesen, der neben Aktien Immobilien favorisiert, seiner Aussage nach die beste Alternative bei niedrigen Zinsen.

Der ideale Mieter ist einer, der pünktlich die vereinbarte Miete überweist, anfallende Klein-reparaturen selbst bezahlt oder erledigt (was gewöhnlich auch im Mietvertrag steht) und ansonsten mit seiner Wohnung so zufrieden ist, dass man von ihm nur selten etwas hört. Solch einen Mieter sollte man sich warm halten. Oft sind Kapitalanlageimmobilien, die man kauft, bereits vermietet. Wenn der Mieter in Ordnung ist und die obigen Kriterien erfüllt sind, muss man sich nicht einmal um die Neuvermietung der Wohnung kümmern. Das ist ideal.

Wie man mit Mietern umgeht, worauf es zu achten gilt und wie man eventuelle Probleme aus der Welt schafft, darauf gehe ich in einem gesonderten Kapitel ausführlich ein.

Geldspritze vom Finanzamt
Auch, wenn die Zuschüsse vom Finanzamt schon mal höher waren als dieser Tage, ein paar Euro steuert auch der Fiskus bei. Bei vermieteten

Immobilien kann man nämlich die sogenannte *Abschreibung für Abnutzung*, kurz *AfA*, nutzen. Das bedeutet, dass mehrere Jahrzehnte lang jedes Jahr ein gewisser Anteil des Gebäudewertes steuerlich abgesetzt werden kann. Das ist nicht viel, aber es ist auch Geld.

Zunächst einmal kann man nicht den gesamten Kaufpreis absetzen, sondern nur den Gebäudewert, nicht den Wert des Grundstücks. Warum? Weil sich das Gebäude aus steuerlicher Sicht abnutzt, das Grundstück aber nicht. Wenn man die einzelnen Kosten von Immobilie und Grundstück nicht genau weiß, kann man, als Faustformel, davon ausgehen, dass der Gebäudewert bei 85 Prozent des Kaufpreises liegt. Wenn Sie also 100.000 Euro für eine Eigentumswohnung ausgeben, setzt das Finanzamt gewöhnlich 85.000 Euro als Gebäudewert an.

Diese Summe können Sie aber nicht in einem Jahr absetzen, sondern nur über mehrere Jahre verteilt. Interessant sind für unsere Zwecke nur die Werte für Altbauten, womit im Grunde alle Immobilien gemeint sind, die nicht gerade erst erbaut wurden, auch, wenn sie vielleicht nur zehn Jahre alt sind. Bei Immobilien, die vor 1925 errichtet wurden, können 40 Jahre lang jedes Jahr 2,5 Prozent des Gebäudewerts von der Steuer abgesetzt werden. Für Immobilien, die ab 1925 errichtet wurden, 50 Jahre lang jeweils 2 Prozent.

Lassen Sie uns das durchrechnen: Angenommen, Sie kaufen für 100.000 Euro eine einzelne

Eigentumswohnung in einem Haus, das 1966 erbaut wurde. Dann können Sie 50 Jahre lang jedes Jahr 2 Prozent des Gebäudewerts absetzen. Bei angenommenen 85.000 Euro Gebäudewert sind das 1.700 Euro. Wie viel Geld Sie dadurch vom Finanzamt zurückbekommen, hängt von Ihrem Spitzensteuersatz ab. Wenn der beispielsweise bei 35 Prozent liegt, kommen Sie auf eine Steuerersparnis von 595 Euro im Jahr. Das ist, wie gesagt, nicht viel Geld, aber immerhin etwas.

Das Prinzip ist im Grund einfach: *Sie arbeiten hauptsächlich mit dem Geld von Banken, Mietern und dem Finanzamt, um sich ein Immobilienvermögen aufzubauen.* Das, was Sie selbst beisteuern, ist nur ein relativ kleiner Teil. Damit gehen Sie im Grunde wie ein Unternehmer vor, der in ein Geschäft investiert und dabei nur einen Teil seines eigenen Vermögens nutzt, den Großteil von anderen leiht. Und tatsächlich funktioniert auch das private Immobilieninvestment nach ähnlichen Prinzipien. Sie können, wie ein Unternehmer, gute Gewinne einfahren, tragen aber auch das unternehmerische Risiko für Ihre Investition. Mit der Immobilie können Sie quasi als Unternehmer tätig werden, ohne all die gesetzlichen Anforderungen eines tatsächlichen Unternehmers erfüllen zu müssen.

Dadurch, dass Sie selbst nur relativ wenig Geld aus der eigenen Tasche beisteuern müssen, erhalten Sie einen enormen Hebel, der es Ihnen erlaubt, ein wirkliches Vermögen aufzubauen.

Betrachten wir noch ein paar Faktoren zum Thema Geld, bevor wir denjenigen unter die Lupe nehmen, der Ihren Vermögensaufbau hauptsächlich bezahlt: den Mieter!

Zusammenfassung:

1. Wie ist es möglich, sich mit Immobilien ein Vermögen aufzubauen? Die Antwort ist ganz einfach: *anderer Leute Geld!*

2. Wer spart, um eine Immobilie vollständig bezahlen zu können, kämpft gegen die Inflation an und wird es aufgrund der steigenden Immobilienpreise kaum schaffen, sein Ziel zu erreichen.

3. Das Prinzip ist im Grund einfach: *Sie arbeiten hauptsächlich mit dem Geld von Banken, Mietern und dem Finanzamt, um sich ein Immobilienvermögen aufzubauen.*

4. Geldwerte kontra Sachwerte

Der sicherste Weg, mit einem kleinen Vermögen
aus der Börse auszusteigen, ist,
mit einem großen einzusteigen.
Unbekannter Verfasser

Geld stellt in jeglicher Form ein Tauschmittel dar, das einen bestimmten Wert *repräsentiert*. Die Betonung liegt dabei auf dem Wort *repräsentiert*. Das impliziert, dass Geld an sich keinen Wert hat.

Früher, als Geld noch aus Gold- und Silbermünzen geprägt wurde, hatte man einen Wert in der Hand, einen realen Wert. Egal, welcher Herrscher oder welche Regierung ihr Logo auf die jeweilige Münze gedruckt hatte, allein durch den Edelmetallgehalt war die Münze etwas wert. Doch das ist schon lange, lange her.

Wie sieht es heute aus? Wie viel ist das Metall der Ein-Euro-Münze wert? Fast gar nichts! Und wie sieht es beim Fünfzig-Euro-Schein aus? Das Papier an sich ist tatsächlich gar nichts wert. Erst die Prägung, der Aufdruck und die allgemeine Übereinstimmung, dass es einen Wert repräsentiert, führt dazu, dass wir Geld einen Wert beimessen.

An sich ist das kein Problem, so lange alles gut läuft, es mit der Wirtschaft voran geht und sich jeder an die Regeln hält. Aber was, wenn das nicht der Fall ist? Wenn Veränderungen auftreten, die das System torpedieren? Dann kann es vorkommen, dass der Wert des Geldes schwankt.

Es ist eine Sache, ein Währungssystem in einem kleinen Dorf oder einer Stadt zu nutzen, also einem überschaubaren Bereich. Aber was, wenn es viele Nationen umspannt und sich aufgrund der Globalisierung Einflüsse von überall auf dem Planeten auf die Währung auswirken können? Letzteres ist heutzutage der Fall.

Das Problem besteht zum einen darin, dass es nicht leicht ist, in einem solchen System jedermann gerecht zu werden. Des Weiteren existieren Individuen und Interessengruppen, die die bestehenden Regeln für ihre eigenen Zwecke ausnutzen und sich so Vorteile auf Kosten anderer sichern wollen und es oft auch schaffen. Betrachten Sie in diesem Licht die Börse. Dort werden Aktien, also im Grunde Unternehmensanteile, gehandelt. Die Preise für selbige werden durch Angebot und Nachfrage bestimmt. An sich ist das ein sinnvolles System. Zumindest so lange, wie diese Faktoren nicht gezielt manipuliert werden. Und genau das passiert leider viel zu oft.

Nur ein Beispiel, wie das funktioniert und wie Großanleger die Aktienkurse beeinflussen können: Sie kaufen große Mengen der Aktien eines Unternehmens. Durch diese Nachfrage steigt der Aktienkurs. Andere Anleger werden darauf aufmerksam und kaufen diese Aktien ebenfalls, was den Kurs weiter nach oben treibt. Dann verkauft der Großanleger seine Aktien wieder und macht aufgrund des hohen Kurses ein gutes Geschäft. Dadurch fällt der Kurs natürlich und all jene

Anleger, die nicht schnell genug aussteigen, können ihre Aktien nur noch mit Verlust verkaufen oder müssen die Aktien halten und hoffen, dass sie irgendwann wieder im Wert steigen.

Eigentlich sollten sich Aktienkurse am Wert von Unternehmen orientieren. Tatsächlich tun sie das aber nicht oder nur teilweise. Es existieren Einzelpersonen und Interessengruppen, die über so viel Geld und somit Einfluss verfügen, dass sie das Börsengeschehen in ihrem Sinne manipulieren können. Daher kann Spekulation stattfinden und man kann mit Aktien viel Geld verdienen oder verlieren. Daher der Spruch: *Der sicherste Weg, mit einem kleinen Vermögen aus der Börse auszusteigen, ist, mit einem großen einzusteigen.*

Bei den Börsencrashs in den Jahren 1987, 2000 und 2007, um nur einige zu nennen, wurden Milliardenvermögen vernichtet. Aktien stellen, wie die Vergangenheit beweist, einen Geldwert dar, der manipuliert werden kann.

Aber es sind nicht nur die Börsen, die Geldwerte beeinflussen.

Was ist mit der Bankenkrise des Jahres 2007? Lehman Brothers in den USA musste Konkurs anmelden und löste damit einen Dominoeffekt aus, den andere Banken zu spüren bekamen. Mehrere deutsche Landesbanken verloren Milliardenbeträge. Die Commerzbank, die Hypo Real Estate und andere mussten mit stattlichen Mitteln gerettet werden. Warum? Weil sie sich verspekuliert hatten.

Und wer zahlt für deren Rettung? Der Staat. Und wer ist der Staat? Das sind die Bürger. Hier gilt die alte Regel: Gewinne werden individualisiert, Verluste generalisiert. Anders ausgedrückt: Wenn es gut läuft, sind es gewöhnlich einige wenige, die davon profitieren. Läuft es schlecht, muss der Staat eingreifen und viele müssen zahlen.

Betrachten wir ein anderes Beispiel: Im Jahr 2015 begann die Europäische Zentralbank damit, jeden Monat für 60 Milliarden Euro Staatsanleihen aufzukaufen, um die Gefahr einer Deflation zu bekämpfen. Sie hat also praktisch jeden Monat Geldscheine im Wert von 60 Milliarden Euro „gedruckt". Nur, dass das Geld heute nicht mehr wirklich gedruckt werden muss, es reicht schon, es in den entsprechenden Computern als Gutschriften „erscheinen" zu lassen. Aber wie auch immer, es wurde eine Menge Geld „erschaffen", ohne dass dem wirkliche Produktion gegenüber stand. Diese Maßnahme, bei der ab 2018 nur noch 30 Milliarden Euro im Monat fließen sollen, hat die Wirtschaft in der Eurozone ein wenig wachsen lassen und die Arbeitslosigkeit gesenkt. So die entsprechenden Meldungen. Aber was hat diese Maßnahme noch bewirkt? Inflation! Die Kaufkraft Ihres Geldes, meines Geldes, ist seit 2015 gesunken.

Glücklicherweise ist die Inflation in Deutschland in den letzten Jahren nicht sehr hoch gewesen. Aber sie ist vorhanden und nagt am Wert des Geldes. Und sie zu vernachlässigen, kann Sie teuer zu stehen kommen.

Ein Blick auf den Sachwert Immobilie

Als Sachwerte profitieren Immobilien von der inflationären Entwertung des Geldes. Die Kaufkraft des Euro schwindet, Immobilien werden teurer. Somit eignen sich Immobilien hervorragend als Instrument zum Ausgleich der Inflation.

Sie sind auch weitaus wertstabiler als Geldwerte. Als etwa die Aktienkurse an der Börse beim letzten Crash innerhalb von kurzer Zeit um 30 bis 40 Prozent fielen, gingen die Preise deutscher Immobilien meiner Einschätzung nach nur etwa 3 bis 5 Prozent nach unten.

Tatsächlich steigen die Immobilienpreise nun seit einigen Jahren wieder stärker, weil sich viele Bundesbürger des Geldproblems bewusst sind und einen Teil ihres Geldvermögens sicher in Sachwerten anlegen wollen. Eine vernünftige Vorgehensweise. Doch während ich das prinzipiell befürworte, sollte man es nicht übertreiben. In einigen Ballungsgebieten werden Immobilien inzwischen nämlich zu Preisen gehandelt, die sich für die Käufer nicht mehr rentieren. Immobilie ist nicht gleich Immobilie. Und von unrentablen Immobilien sollte man grundsätzlich Abstand nehmen. Was man braucht, um sich mit Immobilien ein inflationsgeschütztes Vermögen aufzubauen, sind rentable Objekte, keine Investitionsgräber. Anders ausgedrückt: Wenn man in Eigentums-wohnungen und Häuser investiert, die sich durch realistische Mieten tragen, die langfristig vermietbar sind, schafft man sich mit der Zeit echte

Werte. Damit wird man finanziell abhängig, auch von Geldwerten und der Börse.

Und nur dann kann man sich guten Gewissens Geld anderer Leute beschaffen und trotz Krediten für den Kauf der Immobilien ruhig schlafen.

Betrachten wir, nach diesem kurzen Intermezzo zum Thema Geldwerte kontra Sachwerte, denjenigen, der Ihre Kapitalanlageimmobilien eigentlich finanziert, genauer.

Zusammenfassung:

1. Papiergeld an sich ist tatsächlich gar nichts wert. Erst die Prägung, der Aufdruck und die allgemeine Übereinstimmung, dass es einen Wert repräsentiert, führt dazu, dass wir diesem Geld einen Wert beimessen.

2. Das Problem bei einem Währungssystem ist, dass es manipuliert werden kann und Individuen und Interessengruppen genau das tun.

3. Immobilie ist nicht gleich Immobilie. Und von unrentablen Immobilien sollte man grundsätzlich Abstand nehmen. Wenn man aber in Eigentumswohnungen und Häuser investiert, die sich durch realistische Mieten tragen und die langfristig vermietbar sind, schafft man sich mit der Zeit echte Werte. Damit wird man finanziell abhängig, auch von Geldwerten und der Börse.

5. Ein guter Mieter ist Gold wert

Mit Geld kann man fliegen.
Japanisches Sprichwort

Wie im vorletzten Kapitel aufgezeigt kommt der Großteil des Geldes, mit dem Sie Ihr Immobilienvermögen aufbauen, vom Mieter. Er überweist jeden Monat Geld auf Ihr Konto, das Sie zunächst verwenden, um den Kredit und das Hausgeld zu bezahlen. Ist der Kredit abgezahlt, müssen Sie nur noch für das Hausgeld aufkommen, der Rest des Geldes gehört Ihnen.

Aber wie viel Geld zahlt der Mieter eigentlich?

Bei einer monatlichen Kaltmiete von 500 Euro kommen im Jahr 6.000 Euro zusammen. In zehn Jahren 60.000 Euro. In dreißig Jahren, die in etwa nötig sind, um eine Immobilie vollständig zu entschulden, sind es 180.000 Euro. Das ist eine Menge Geld. Am Ende dieser Zeit besitzen Sie eine lastenfreie Immobilie. Und was hat der Mieter? Abgesehen von einem (hoffentlich) schönen Leben in Ihrer Wohnung nichts.

Bei der obigen Rechnung wurde davon ausgegangen, dass die Mieten nicht steigen. Das ist allerdings unrealistisch. Wenn man von einer jährlichen Mietsteigerung in Höhe von 4 Prozent ausgeht, muss der Mieter innerhalb von 30 Jahren 347.500 Euro zahlen, also fast das Doppelte.

Aber egal, ob die Mieten steigen oder nicht, der Mieter bleibt derjenige, mit dessen Geld Sie arbeiten, um Ihr Immobilienvermögen aufzubauen. Daher ist ein guter, zahlender Mieter Gold wert.

Entsprechend lautet die wichtigste Regel: *Sie müssen Ihre Immobilien an zahlende Mieter vermieten!* Das ist das A und O. Egal, welche Hautfarbe der Mieter hat oder welcher Religion und welchen Vereinen er angehört, er muss die Miete zahlen, und zwar so, wie es vereinbart wurde. Das sicherzustellen ist Ihre wichtigste Aufgabe als Vermieter.

Das Verhältnis zwischen Mieter und Vermieter
Die Rendite einer Kapitalanlageimmobilie kommt von der Miete und diese natürlich vom Mieter. Daher ist die Beziehung zwischen Ihnen und den Mietern für Sie von besonderem Interesse. Als Gegenleistung für die Miete erhalten Mieter das Recht, die Wohnung(en) zu bewohnen. Die genauen Details dieser Übereinkunft werden im Mietvertrag geregelt. Und Vertrag, das kommt von *vertragen*. Ergo müssen Sie die Leistungen, die Sie sich zu erbringen verpflichten, auch leisten, genauso wie es der Mieter tun muss. Hier helfen Ihnen die sieben Regel des Mietmanagements.

Die sieben Regeln des Mietmanagements
Als Vermieter sind Sie – anders als bei vielen anderen Anlageformen wie etwa dem Sparbuch – kein stiller Teilhaber oder reiner Geldgeber, sondern vielmehr Unternehmer. Sie leiten ein „Unternehmen", gewissermaßen einen privaten

Immobilienfonds, bei dessen Führung Sie ein paar einfache Managementregeln befolgen müssen.

1. Suchen Sie sich gute Mieter aus

Wenn Sie eine Wohnung neu vermieten, sollten Sie darauf achten, einen soliden, zahlungswilligen und zahlungsfähigen Mieter zu finden. Doch wie genau findet man heraus, ob jemand in diese Kategorie fällt? Erkennt man es an der Art, wie er sich kleidet? Oder an der gewählten Ausdrucksweise? Solche Äußerlichkeiten sind zwar nett, aber für die Auswahl eines geeigneten Mieters wenig zweckmäßig. Wichtig ist, dass Sie vom potenziellen Mieter eine Selbstauskunft erhalten, die folgende Informationen enthält:

Name, Vorname (ggf. Geburtsname)
Bisherige Anschrift
Geburtsdatum
Geburtsort
Staatsangehörigkeit
Telefonnummer
Beruf
Arbeitgeber (inklusive Adresse)
Personalausweisnummer (oder Kopie)
Familienstand
Name und Geburtsdatum der zum Haushalt gehörenden Kinder
Nettoeinkommen
Eventuelle Mietschulden
Aktueller Vermieter (inklusive Telefonnummer)
SCHUFA-Auskunft
Gehaltsabrechnung des letzten Monats
Unterschrift des Mietinteressenten

Wichtig ist es, eine SCHUFA-Auskunft zu verlangen. Grundsätzlich ist jeder berechtigt, einmal im Jahr eine kostenlose Eigenauskunft zu erhalten. Der Mietinteressent kann sie beispielsweise über das Internet beantragen und Ihnen dann vorlegen (www.schufa.de oder www.meineschufa.de). Sie können auch mit seinem aktuellen Vermieter sprechen und sich über das Zahlungsverhalten des Mietinteressenten informieren. Diese Aussage kann aber gefärbt sein. Es ist schon vorgekommen, dass ein Vermieter über Mietinteressenten positive Angaben gemacht hat, nur um ihn loszuwerden.

Neben den Fakten, die Sie aus der Selbstauskunft und von der SCHUFA erhalten, sollten Sie natürlich einschätzen, mit was für einer Art Mensch Sie es zu tun haben. Ein Mietinteressent, der über seinen Vermieter herzieht, sollte Sie argwöhnisch machen. Es ist gut möglich, dass er bald auch über Sie schlecht redet. Manche seiner Ansichten geben Ihnen darüber Auskunft, was Sie von ihm zu erwarten haben.

2. Halten Sie Absprachen schriftlich fest
Verwenden Sie einen aktuellen Mietvertrag. Gewöhnlich erhält man dieses Dokument im Schreibwarengeschäft oder vom Grundbesitzerverein. Treffen Sie, wenn möglich, keine mündlichen, sondern nur schriftliche Vereinbarungen. Halten Sie auch zusätzliche Vereinbarungen – beispielsweise Absprachen über neue Fliesen, die der Mieter verlegen will – schriftlich fest. Das erfordert, dass man Vereinbarungen detailliert

bespricht, was dazu führen sollte, dass beide Parteien genau wissen, was vereinbart wurde. Wenn es beispielsweise um Fliesen geht und Sie an weiße oder hellgraue Badfliesen denken, sollten Sie dies vereinbaren, damit Sie hinterher nicht feststellen müssen, dass der Mieter auf rosarote Fliesen aus dem letzten Jahrhundert steht und diese verlegt hat.

Teil des Mietvertrags sollte eine Kaution in Höhe von zwei oder drei Kaltmieten sein. Sie sind auf der sicheren Seite, wenn Sie vereinbaren, die Wohnungsschlüssel erst dann herauszugeben, wenn die Kaution gezahlt wurde. Oder den Mietvertrag überhaupt erst zu unterschreiben, wenn der Mieter die Kaution gezahlt hat.

3. Klären Sie Rechte und Pflichten
Das zentrale Dokument, das ein Mietverhältnis regelt, ist der Mietvertrag. Er umfasst alle Ihre Rechte und ebenso Ihre Pflichten. Das Gleiche gilt für den Mieter. Er hat zum einen die Pflicht, seine Miete pünktlich zu zahlen. Zusätzliche Pflichten wie Treppenhausreinigung, Winterdienst etc. müssen im Mietvertrag enthalten sein. Ihre Leistung besteht darin, eine bewohnbare Wohnung anzubieten und in Schuss zu halten. Wer bei welchen Reparaturen haftet, muss im Mietvertrag festgelegt sein. Sie sollten bei jedem Mieterwechsel (Einzug und Auszug) ein Wohnungs-übergabeprotokoll erstellen und dies zusammen mit dem Mieter unterschreiben. Wenn beim Einzug eines neuen Mieters Mängel vorhanden sind, können Sie im Mietvertrag oder im Übergabe-protokoll gleich festlegen, welche davon Sie und

welche der Mieter bereinigen soll. Dies umfasst beispielsweise Feuchtigkeitsschäden, Schimmelbildung, defekte Elektroinstallation, Streichen von Wänden etc.

Versuchen Sie nicht, Mängel zu verbergen. Zeigen Sie sie auf und klären Sie, wer sich bis wann darum kümmern soll.

4. Mahnen Sie bei verspäteten Mietzahlungen

Per Vertrag soll die Miete eines Monats gewöhnlich bis zum 3. Werktag auf Ihrem Konto sein (was bedeutet, dass der Mieter sie schon vorher überweisen muss, nicht erst am 3., da die Banken mindestens einen Tag für die Überweisung benötigen). Ist das nicht der Fall, sollten Sie den Mieter anmahnen. Hier sorgen Sie dafür, dass er seinen Verpflichtungen nachkommt. Gleichzeitig zeigen Sie ihm auf, dass Sie Verspätungen nicht durchgehen lassen. Sie können ihn entweder brieflich, telefonisch, per SMS, WhatsApp oder auch direkt vor Ort an die Zahlung der Miete erinnern. Eine Nachricht wie „Bitte dringend melden – Ihr Vermieter" an seiner Wohnungstür ist eine weitere Art, ihn an seine Verpflichtung zu erinnern. Gewöhnlich zahlen Mieter, wenn man ihnen auf diese Weise zeigt, dass Sie Verspätungen nicht durchgehen lassen.

Wann Sie mahnen, ist Ihnen überlassen. Sie können direkt nach dem 3. Werktag mahnen oder erst eine Woche später. Warten Sie nur nicht zu lange.

Bei sozial schwachen Mietern ist es oft möglich,

die Miete über das entsprechende Amt zu beziehen. Hierzu muss man mit den Mietern und gegebenenfalls auch mit dem zuständigen Amt in Kontakt treten und die Angelegenheit klären.

5. Arbeiten Sie bei harten Fällen mit Mahnbescheid und Kündigung

Wenn Mahnungen allein nicht dazu führen, dass der Mieter seine Miete pünktlich zahlt, dann ist ein *Mahnbescheid* die nächste Konsequenz. Den können Sie ohne großen Aufwand im Internet beantragen und direkt zustellen lassen (www.online-mahnantrag.de). Dadurch kommen auf den Mieter zusätzliche Kosten zu, die ihn normalerweise dazu bewegen, schnell zu zahlen. Zunächst müssen Sie diese selbst vorstrecken. Wie hoch die Kosten sind, hängt von der Höhe der angemahnten Miete ab, beginnend bei 32 Euro. Ist der Mahnantrag zugestellt worden, kann, sofern der Mieter nicht widerspricht, zwei Wochen später ein *Vollstreckungsbescheid* beantragt werden. Das entsprechende Formular wird Ihnen vom zuständigen Amtsgericht zugeschickt. Zahlt er immer noch nicht und ist er mindestens zwei Monatsmieten in Verzug, dann können Sie die *fristlose Kündigung* aussprechen. Diese hat schriftlich zu erfolgen. Am besten lassen Sie das Kündigungsschreiben durch den zuständigen Gerichtsvollzieher zustellen, damit sich der Mieter nachher nicht damit herausreden kann, dass er keinen Brief erhalten hätte. Auch das kosten nicht viel. Bis zu diesem Punkt benötigen Sie nicht einmal einen Anwalt. In der Praxis hat es sich gezeigt, dass ein solcher für die Durchführung der obigen Aktionen unnötige Kosten produziert und die Angelegenheit in vielen Fällen noch verzögert. Anwaltliche Unterstützung benötigen Sie erst dann, wenn sich die Situation verkompliziert. In solch einem Fall empfiehlt es sich, beim regionalen Grundbesitzerverein Mitglied zu sein und sich beraten zu lassen.

Falls es zum Extrem kommt, der Mieter immer noch nicht zahlt und auch nicht auszieht, ist eine *Räumungsklage* die nächste Aktion. Diese wird beim zuständigen Amtsgericht eingereicht. Es dauert dann gewöhnlich mehrere Monate, bis die Wohnung schließlich von einem Gerichtsvollzieher geräumt wird. Da der Mieter ebenfalls über den Räumungstermin informiert wird, ist es bei echten Mietnomaden so, dass sie kurz vorher ausziehen, um ihr Hab und Gut in Sicherheit zu bringen. Sollte das nicht der Fall sein, werden die Besitztümer aus der Wohnung eine gewisse Zeit gelagert und dann entsorgt oder versteigert.

Falls der Mieter weder zahlt noch sonst wie reagiert und auch nicht mehr gesehen wird, muss man unter Umständen in der Wohnung nachsehen, ob alles in Ordnung ist. Es ist schon vorgekommen, dass ein Mieter, der keine Verwandten hatte, verstorben ist. Ein überquellender Briefkasten ist ebenfalls ein Indiz dafür, dass etwas nicht in Ordnung ist – könnte aber ebenfalls darauf hinweisen, dass der Mieter nur im Urlaub ist. Beachten Sie in jedem Fall, dass Sie ohne triftigen Grund nicht einfach die vermietete Wohnung betreten können, da sonst der Tatbestand des Hausfriedensbruchs vorliegen könnte. Wenn Sie einen triftigen Grund haben und rechtlich abgesichert sind, sollten Sie die Wohnung trotzdem nur in Begleitung von Zeugen betreten.

Banken rechnen in Deutschland mit einem Mietausfallrisiko von 2 bis 3 Prozent. Das sollten Sie bei Ihrem Engagement in Kapitalanlage-immobilien entsprechend einkalkulieren.

6. Erhöhen Sie die Mieten angemessen
Da Sie die Mieten von Zeit zu Zeit erhöhen müssen, um sie der Inflation anzupassen, ist es wichtig, dass Sie wissen, wie Sie dabei vorgehen sollten. Dabei ist zunächst darauf hinzuweisen, dass die Kaltmiete bei den meisten Wohnungen innerhalb von drei Jahren um maximal 20 Prozent erhöht werden darf. Sie können auch von vornherein einen Staffel-mietvertrag erstellen, bei dem vereinbart ist, wann die Miete auf welchen Betrag erhöht wird. Das erspart Ihnen später die Notwendigkeit, die Miet-erhöhung zu begründen.

Als Richtmaß für Mieterhöhungen gilt der Mietspiegel. Er führt je nach Region oder Stadt auf, wie hoch die Mieten abhängig von Baujahr des Hauses, Modernisierungen und Ausstattung sind. Zwar muss man den Mietspiegel bei Miet-erhöhungen nicht beifügen, aber man muss darauf verweisen.

Bei Neuvermietungen ist der Mietspiegel ebenfalls gültige Richtschnur, man kann aber je nach Wohnung und Nachfrage auch eine höhere Miete ansetzen, als im Mietspiegel angegeben ist. Wäre das nicht so, würde sich der Mietspiegel ja nie verändern.

7. Rechnen Sie korrekt ab
Einmal im Jahr müssen Sie die Nebenkosten abrechnen. Dabei unterscheidet man zwischen *umlegbaren* und *nicht umlegbaren* Nebenkosten. Die erstgenannten können Sie auf den Mieter umlegen, die letztgenannten müssen Sie selbst zahlen.

Bei Eigentumswohnungen erhalten Sie von der Hausverwaltung eine Jahresabrechnung, der Sie die obigen Posten entnehmen können. Nicht in der Abrechnung enthalten ist die Grundsteuer, die Sie direkt an die Stadt zahlen, aber auch auf den Mieter umlegen können. Es kann hilfreich sein, sich eine Abrechnung vom Voreigentümer zeigen zu lassen, um zu wissen, wie er abgerechnet hat. Oder Sie konsultieren einen Freund, der sich mit der Materie auskennt und Ihnen dabei hilft, die erste Nebenkostenabrechnung zu erstellen. Wenn Sie dies erst einmal erledigt haben, sind die Abrechnungen der Folgejahre kein Problem mehr. Viele Hausverwaltungen bieten auch Mietverwaltung an. Sie zahlen dann um die 20 Euro im Monat dafür, dass die Hausverwaltung die Gelder vom Mieter einzieht und die jährliche Nebenkostenabrechnung erstellt. In der Praxis ist es sinnvoller, das Geld zu sparen und sich selbst in die Materie einzuarbeiten.

Falls Sie es mit einem störrischen Mieter zu tun haben, ist es – wie bereits erwähnt – sinnvoll,

Mitglied im lokalen Grundbesitzerverein zu werden. Diese Vereine erstellen auch Nebenkostenabrechnungen (gegen Bezahlung versteht sich) und können Sie bei Rechtsstreitigkeiten unterstützen.

Wenn Sie ein Mehrfamilienhaus übernehmen, können Sie in der Regel die Abrechnungen des Voreigentümers übernehmen. Kontrollieren Sie nur, dass er bei der Aufteilung keine Fehler gemacht hat.

Immobilie inklusive Mieter
Wenn Sie eine Immobilie mit bereits bestehenden Mietverhältnissen übernehmen, behalten die bereits bestehenden Mietverträge Gültigkeit. Darüber hinaus gelten die obigen Regeln und Standards immer noch. Sie müssen sich dann nur einen Überblick über deren Einhaltung verschaffen und falls nötig daran arbeiten, dass sie eingehalten werden.

Vor dem Kauf der Immobilie, egal, ob es sich um eine Eigentumswohnung oder ein Mehrfamilienhaus handelt, sollten Sie sich über die Mieter und deren Zahlungsmoral informieren. Dabei können Sie ruhig ein wenig skeptisch sein. Wenn Ihnen der Verkäufer sagt, dass der Mieter monatlich 500 Euro Kaltmiete zuzüglich 200 Euro Nebenkostenvorauszahlung zahlt, dann können Sie sich die Kontoauszüge zeigen lassen, die das belegen. Viele Mieter überweisen ihre Mieten regelmäßig per Dauerauftrag, was für Sie ideal ist. Andere überweisen die Miete jeden Monat selbst und nehmen es mit der Pünktlichkeit nicht ganz genau.

Bei Mehrfamilienhäusern sollte man weiterhin darauf achten, dass die vom Verkäufer angegebenen Mieteinnahmen wirklich stimmig sind. Es ist nicht unüblich, dass Dachgeschosse ausgebaut und vermietet werden, die gar nicht baurechtlich genehmigt sind und eigentlich nicht vermietet werden dürften. Das muss vor dem Kauf geklärt sein. Manch ein Verkäufer versucht, einen höheren Kaufpreis zu erzielen, indem er Keller oder nicht zur Vermietung geeignete Flächen an einen Freund oder Bekannten vermietet, der den Mietvertrag kurz nach dem Verkauf kündigt. All das ist schon vorgekommen. Aber damit bewegen wir uns vom Thema her eigentlich schon im nächsten Kapitel, wo es um die Objektauswahl geht.

Es kann aber auch vorkommen, dass man bei der Überprüfung der Mietverträge interessante Entdeckungen macht. Bei einem Mehrfamilienhaus in Düsseldorf-Flingern, das ich kaufen wollte, war die Miete des Gaststättenpächters, der dort ein griechisches Restaurant betrieb, mit 2.300 Euro angegeben. Als ich mit dem Inhaber des Restaurants sprach, erfuhr ich aber, dass er in Wirklichkeit Untermieter war und der Brauerei, die die Gaststätte gemietet hatte, 5.000 Euro zahlte, also mehr als das Doppelte. Ich erwarb das Haus und als später die Verlängerung des Mietvertrags mit der Brauerei anstand, kündigte ich diesen fristgerecht und bot dem Inhaber der Gaststätte an, den Mietvertrag direkt mit mir abzuschließen, und zwar über 5.000 Euro. Das war für ihn kein Problem, da er ja auch vorher schon diese Summe gezahlt hatte. Da der Inhaber des griechischen Restaurants an die Bierlieferung der Brauerei gebunden war und sie ihn natürlich weiter beliefern wollten, verhandelte ich mit der Brauerei. Letztlich einigten wir uns darauf, dass sie die Bierlieferung behielten, mir aber ein zinsloses Darlehen über 100.000 Euro gewährten, um das Haus zu renovieren. Mit dem Geld habe ich eine Wärmeschutzfassade anbringen lassen und natürlich auch das Restaurant, insbesondere dessen Toiletten, renovieren lassen. Durch diesen Schachzug hatte ich ein Haus, das aufgrund der Renovierungen 100.000 Euro mehr wert war, den Steuervorteil für die Abschreibung der Investition und jeden Monat 2.700 Euro mehr Mieteinnahmen, im Jahr also 32.400 Euro. Der zinslose Kredit über 100.000 Euro wurde durch die Bierlieferungen getilgt. Alles in allem ein gutes Geschäft.

Mietnomaden & Co.

Einer der Gründe, warum manche Menschen davor zurückschrecken, sich Kapitalanlageimmobilien anzuschaffen, sind Mietnomaden. Oder die Berichte darüber, die zuweilen durch die Medien verbreitet werden. Und ja, es gibt sie wirklich. Einige Leute legen es darauf an, etwas zu bekommen (in diesem Fall Wohnraum), ohne dafür zu bezahlen. Das ist natürlich kriminell. Auch Messis, die Wohnungen vermüllen, sind kein angenehmes Thema. Allerdings sollte all dies Sie nicht davon abhalten, in Immobilien zu investieren. Warum? Zum einen ist die Zahl derjenigen, die so etwas tun, recht gering. Zum anderen kann man sich dagegen schützen. Jemand, der in der Vergangenheit Mieten schuldig geblieben ist, hat entsprechende Einträge in seiner SCHUFA. Die entsprechende Auskunft hilft Ihnen also dabei, solche Personen von vornherein auszusortieren. Die Gerichte sind, was dieses Thema angeht, inzwischen auch schneller geworden. Man muss vor solchen Leuten auf der Hut sein, darf sich aber von ihnen nicht die Möglichkeit des Vermögensaufbaus nehmen lassen.

Keine Kompromisse eingehen
Es kommt zuweilen vor, dass Mietinteressenten einem Dinge vorschlagen, die nicht ganz koscher sind. Etwa die Wohnfläche oder die Miete „anzupassen", damit man sich innerhalb der Grenzen des Amts bewegt, wenn der Mieter von Hartz IV lebt. Von solchen Praktiken rate ich ab. Abgesehen davon, dass Sie gegen Gesetzte verstoßen, liefern Sie sich dem Mieter aus, der Sie danach in der Hand hat. Und wenn er das Amt betrügt, was sollte ihn davon abhalten, auch Sie zu betrügen? Es ist besser, eine Wohnung ein oder zwei Monate leer stehen zu lassen, als sich auf irgendwelche krummen Touren einzulassen. Suchen Sie sich gute, vertrauenswürdige Mieter, die zur Hausgemeinschaft passen.

Strategie und Organisation
Das eigene Immobilienvermögen zu organisieren ist wichtig. Bei den eigenen vier Wänden erledigt man das natürlich selbst. Besitzt man eine vermietete Eigentumswohnung, kann man das immer noch in Eigenregie über die Bühne bringen.

Wächst das Immobilieneigentum aber, muss man besser organisieren, um alles mit möglichst wenig Aufwand zu erledigen.

Wie Sie organisieren, hängt von Ihrer persönlichen Strategie ab. Wollen Sie möglichst wenig mit Ihrem Immobilieneigentum zu tun haben, etwa, weil Sie berufstätig sind, müssen Sie einen Teil der Arbeit delegieren. Falls es Ihnen der Vermieter-Job Spaß macht, können Sie mehr Aufgaben selbst erledigen. Das hängt von Ihren persönlichen Vorlieben ab und davon, in welcher Phase der Vermögensbildung mit Immobilien Sie sich befinden.

Eigentum verpflichtet. So steht es im Grundgesetz. Also muss man sich um sein Immobilieneigentum kümmern. Das ist das A und O. Ob man das selbst erledigt oder sich dabei von jemandem unterstützen lässt, ist eine Frage von Organisation und Strategie.

Die menschliche Seite
Der Umgang mit Mietern erfordert ein wenig soziale Kompetenz. Neben all den Mietzahlungen, Buchungen und Abrechnungen darf diese Komponente nicht vergessen werden. Es ist schön, ein Dutzend vermieteter Wohnungen zu besitzen, wenn man mit den Mietern klarkommt. Bringt man sie aber gegen sich auf, ist das der eigenen Lebensqualität sicherlich abträglich. Entsprechend sollte man auch verstehen, was sie wollen und darauf, soweit möglich, eingehen.

Um Ihnen ein Beispiel zu geben: Vor Kurzem sah ich, dass eine Mieterin in einem meiner Häuser auf ihrem Balkon Fähnchen aufgehängt hatte. Das gefiel mir nicht, weshalb ich sie aufsuchte. Dabei stellte sich heraus, dass es sich in Wirklichkeit um tibetanische Gebetstücher handelte, die sie als sehr einflussreich und wichtig betrachtete. Entsprechend habe ich ihr natürlich erlaubt, die Tücher hängen zu lassen.

Solche Dinge muss man im Einzelfall betrachten. Ab und zu sind Zugeständnisse nötig.

Das Märchen vom „passivem" Einkommen
Oft werden Immobilien als „passives" Einkommen bezeichnet. Als Methode, eine gute Rendite zu erzielen, ohne etwas dafür zu tun. Das hört sich gut an, entspricht aber nicht der Realität.

Natürlich wäre es schön, wenn man als Vermieter nur den Kauf der Immobilie über die Bühne bringen müsste und sich dann jeden Monat über die Mieteinnahmen auf dem eigenen Konto freuen könnte. Leider sind nicht alle Mieter gute Mieter. Sie können arbeitslos werden oder in eine finanzielle Schieflage geraten, so dass sie die Miete nicht mehr oder zumindest nicht pünktlich zahlen können. Manch einer ist in solch einer Situation zu stolz, zum Amt zu gehen, um Unterstützung zu beantragen. Oft rechtfertigen sie ihre ausbleibenden Mietzahlungen damit, dass der Vermieter ohnehin genug Geld hätte, da er sich ja eine Immobilie leisten könne. Dass von den Mieteinnahmen aber die Nebenkosten und Kreditraten gezahlt werden müssen und dem Vermieter gewöhnlich nicht viel Überschuss bleibt, das wissen viele Mieter nicht.

146

Somit ist ihnen oft nicht bewusst, dass der Vermieter auf ihre Mietzahlungen angewiesen ist.

In solchen Situationen ist es wichtig, mit dem Mieter in Kontakt zu treten, die Situation klarzustellen und Lösungen zu finden. Oft machen Mieter, wenn sie derartige Probleme haben, einfach dicht. Das ist dumm, weil man dann als Vermieter gezwungen ist, rechtliche Schritte einzuleiten. Versuchen Sie auf jeden Fall, mit dem Mieter zu reden und eine Lösung zu finden, bevor Sie ihn mit Mahn- und Vollstreckungsbescheiden völlig in Apathie treiben. Mit lebendiger Kommunikation und Fingerspitzengefühl kann man solche Situationen gewöhnlich in Ordnung bringen und verhindern, dass sie eskalieren.

Über Hausverwaltungen, Handwerker und den Wert eines Hauswarts

Das Leben als Vermieter wartet mit mancher Überraschung auf. Vor allem dann, wenn man mehrere Wohnungen besitzt und somit mehrere Mieter hat. Es kommt darauf an, wie man das betrachtet. Natürlich kann man das als Belastung sehen. In dem Fall ist es besser, einen Teil der Arbeiten abzugeben, vorzugsweise an einen *Hauswart*. Den empfehle ich ohnehin immer, damit man nicht für jeden tropfenden Wasserhahn oder die kaputte Glühbirne im Treppenhaus selbst aktiv werden muss. Ein Rentner etwa, der sich etwas dazu verdienen will, handwerklich geschickt ist und mit Menschen umgehen kann, ist für die Aufgabe prädestiniert. Den kann man auf 450-Euro-Basis beschäftigen, wobei noch 10 Prozent Kosten für die

Knappschaft hinzukommen. Wenn man dafür in einem Mehrfamilienhaus jemanden hat, der sich kümmert, der für die Mieter als Ansprechpartner zur Verfügung steht, lohnt sich das auf jeden Fall.

Im Gegensatz zu vielen Hausverwaltungen, die bei Schäden einfach einen teuren Handwerker bestellen, ist ein pfiffiger Hauswart jemand, der vor Ort ist und die Situation einschätzen kann. Natürlich wird auch er darauf bestehen, einen Handwerker zu rufen, wenn beispielsweise etwas mit der Elektrik nicht in Ordnung ist. Aber in vielen Fällen kann jemand mit etwas gesunden Menschen-verstand Probleme gut einschätzen und vernünftig und günstig lösen. Handwerker verdienen natürlich nur dann Geld, wenn sie etwas reparieren oder einbauen. Und ich habe schon manches Mal erlebt, dass sie teure Reparaturen vorgeschlagen haben, die absolut nicht nötig sind. So geschehen etwa bei einem Haus von mir in Wuppertal. In dem Altbau war in einer Küche Wasser auf den Boden gelaufen, so dass das Holz ein wenig gammelig aussah. Der Handwerker, den ich bestellt hatte, machte den Boden auf und meinte am Telefon, alles wäre morsch und man müsste die Balken ersetzen. Kostenvoranschlag 8.000 Euro. Ich wollte mir natürlich selbst ein Bild von der Situation machen und habe vor Ort ein Treffen vereinbart. Es stimmte, dass der Boden aufgrund von Feuchtigkeit stark mitgenommen war. Das sah ich und hörte mir dabei die Schreckensszenarien an, die der Hand-werker mir bildlich schilderte. Er deutete auf einen Balken, der an der Oberfläche tatsächlich ein wenig morsch war. Daraufhin nahm ich seinen Hammer und schlug mit voller Wucht auf den Balken. Der hielt das natürlich aus und wie sich zeigte, war nur die Oberfläche ein wenig beschädigt. Ich sagte also dem Handwerker, dass wir keine Geschäfte machen würden, koordinierte mit dem Hauswart, dass neben dem beschädigten Balken zusätzliche Balken eingebaut wurden, um die Beschädigung auszugleichen, was kurzerhand erledigt wurde. Kosten dafür: 240 Euro. Der Handwerker hätte die gesamte Decke herausgerissen und ausgetauscht, was wirklich nicht nötig war.

Man muss sich als Vermieter selbst ein Bild von der Situation machen, wenn es um Situationen geht, die teuer werden können. In den meisten Fällen ist es nicht nötig, schwer verdientes Geld auszugeben. Aber das weiß man nur, wenn man selbst nachschaut. Nur dann behalten Sie die Kontrolle über Ihr Eigentum. Wenn Sie diese an eine Hausverwaltung abgeben und sich gar nicht darum kümmern, kann es wirklich teuer werden.

Sie sehen also, es ist nötig Immobilieneigentum zu managen. Sich nicht darum zu kümmern funktioniert nicht. Immobilien sind kein Sparbuch. Sie erfordern von Seiten des Besitzers mehr Aufmerksamkeit. Dafür erwirtschaften sie natürlich auch eine weitaus höhere Rendite, als mit einem Sparbuch möglich sind.

Ein Revolver und zwanzig Dodis
Auf der anderen Seite erlebt man als Vermieter einiges. Es ist ein kleines Abenteuer. Und manche Vermieter, die gerne mit Menschen zu tun haben,

möchten das gar nicht mehr missen. Zuweilen erlebt man auch Anekdoten wie die mit dem Revolver und den zwanzig Dodis.

Eine Mieterin war gestorben und die Familie hatte das Erbe ausgeschlagen. Das passiert gewöhnlich dann, wenn die verstorbene Person mittellos oder überschuldet ist. Somit war es die Aufgabe des Grundstücksinhabers, die Wohnung aufzulösen. Natürlich erhielten zuerst die Verwandten Zugang zur Wohnung, um die persönliche Habe abzuholen. Dann machte sich der Hausmeister mit ein paar Helfern daran, die in der Wohnung verbliebenen Gegenstände zu entsorgen. Alles wurde verpackt und ein Container bestellt. Reine Routine. Doch dann kam die Überraschung: Der Hausmeister meldete sich telefonisch und teilte mit, dass in der Wohnung ein Revolver und zwanzig Dodis gefunden worden waren. Der Revolver wurde der Polizei übergeben. Die Dodis nicht, die wurden entsorgt.

Auf Nachfrage, was denn Dodis seien, erklärte der Hausmeister: Er wisse nicht genau, wie dieses Sexspielzeug heißen würde, da er sich nicht damit auskennen würde. Das Rätsel war gelöst: Die Mieterin hatte einen Revolver in ihrer Wohnung versteckt gehabt – und zwanzig Dildos.

Auf den Hund gekommen
Haustierhaltung in Wohnungen kann ein spannendes Thema sein. Während Kaninchen und Meerschweinchen eher ruhige Zeitgenossen sind, gilt das für Hunde nicht immer.

Eines Morgens verließ eine Mieterin ihre Wohnung zusammen mit Hund Nummer 1. Hund Nummer 2, neu und gerade erst angeschafft, musste allein in der Wohnung verbleiben. Das war für Hund Nummer 2 nicht verständlich und unerträglich. So wurde gekläfft, gebellt und gejault – alles in der Hoffnung, das Frauchen bald wieder zu sehen.
Diese Hoffnung erfüllte sich jedoch nicht.

Doch war das noch nicht alles. Hund Nummer 2 legte noch einen Gang zu, denn schließlich ist Hund ja nicht dumm. Da er wusste, dass Frauchen die Wohnung durch die Wohnungstür verlassen hatte, versuchte er das auch, und zwar mit der Türklinke. Da jedoch abgeschlossen war, ging die Tür nicht auf. Allerdings schaffte es Hund Nummer 2, Herr über die Sprechanlage zu werden und sie zum eigenen Vorteil zu nutzen. Er ließ den Hörer aus der Halterung fallen, woraufhin sein Kläffen, Bellen und Jaulen via Lautsprecher über die ganze Straße verbreitet wurde. Die Sprechanlage entpuppte sich als perfektes Instrument für maximale Aufmerksamkeit.

Das tierische Konzert fand erst ein Ende, als die sich um das Tierwohl sorgende Nachbarschaft das Ordnungsamt und die Polizei rief, um die Wohnungstür öffnen zu lassen. Just zu diesem Zeitpunkt kam endlich Frauchen mit Hund Nummer 1 nach Hause und Hund Nummer 2 war der Star der Stunde.

Fazit

Die meisten Mieter sind zuverlässig und bestrebt, ihre Miete zu zahlen. Manchmal kommen sie in finanzielle Bedrängnis und zahlen nicht mehr pünktlich. Und ein kleiner Prozentsatz geht die finanzielle Verpflichtung, die mit einem Mietvertrag verbunden ist, ein, ohne sich verantwortungsvoll darum zu kümmern. Wenn Sie mehrere Wohnungen besitzen und die obigen Regeln befolgen, wird der Mietausfall höchstens gering sein und Sie können sich mit wenig Aufwand um den Aufbau Ihres Vermögens kümmern.

Zusammenfassung:

1. Die wichtigste Regel beim Vermögensaufbau mit Hilfe von Immobilien lautet: *Sie müssen Ihre Immobilien an zahlende Mieter vermieten!*

2. Die sieben Regeln des Mietmanagements lauten:
(1) Suchen Sie sich gute Mieter aus.
(2) Halten Sie Absprachen schriftlich fest.
(3) Klären Sie Rechte und Pflichten.
(4) Mahnen Sie bei verspäteten Mietzahlungen.
(5) Arbeiten Sie bei harten Fällen mit Mahnbescheid und Kündigung.
(6) Erhöhen Sie die Mieten angemessen.
(7) Rechnen Sie korrekt ab.

6. Insider-Know-how für die Objektauswahl

Wer die Wahl hat, hat die Qual.

Sprichwort

Angenommen, Sie haben ein wenig Eigenkapital angespart und sind bei Ihrer Bank vorstellig geworden, um herauszufinden, für wie viel Geld Sie „gut" sind, spricht, wie viel Geld man Ihnen für den Kauf einer Immobilie zur Verfügung stellen würde. Nehmen wir weiterhin an, dass die Bank einer Finanzierung positiv gegenübersteht und Ihnen eine ungefähre Summe und entsprechende Konditionen genannt hat. Dann wissen Sie, in welcher Größenordnung Sie einsteigen können.

Die Objektart: Eigentumswohnung oder Mehrfamilienhaus?

Wenn Sie die ersten Schritte in der Immobilienbranche machen und noch nie zuvor Immobilieneigentum besessen haben, ist eine Eigentumswohnung der richtige Einstieg. Ein Objekt, das bereits vermietet ist oder gut vermietet werden kann. Die Größe ist von der anvisierten Lage und dem Kreditvolumen abhängig. Man bekommt schon für 50.000 Euro schöne Eigentumswohnungen. Dabei sollte man aber darauf achten, keinen „Schrott" zu erwerben, kein „Investitionsgrab", wie ich es nenne, nur weil man günstig einsteigen will. Es muss eine Immobilie mit guter Bausubstanz sein, die eine relativ gute Lage hat und daher *langfristig gut vermietbar* ist.

Von Mehrfamilienhäusern sollten Sie als Anfänger Abstand nehmen. Je größer und teurer das Objekt, umso größer ist auch das Risiko. Bei der ersten Immobilie geht es weniger um die bestmögliche Rendite als darum, ein Gefühl für die Materie zu bekommen.

Ein- und Zweifamilienhäuser eignen sich ebenfalls weniger als Einstieg, da sie eher für Eigennutzer gedacht sind. Wenn man in einer ländlichen Gegend wohnt, sollte man sie vielleicht nicht ganz ausschließen, generell sind Eigentumswohnungen aber vorzuziehen.

Wovon Sie als Einsteiger ebenfalls die Hände lassen sollten, sind Gewerbeimmobilien. Hier sind zwar gewöhnlich höhere Mieten zu erzielen als bei Wohnimmobilien, dafür ist der Erwerb aber entsprechend teuer. Und falls der Mieter pleite geht, gibt es kein Amt, das seine Miete zahlt.

Nachdem Sie also wissen, nach welcher Art von Immobilie Sie suchen, gilt es, die verschiedenen Faktoren zu betrachten, die bei der Auswahl wichtig sind.

Faktor 1: Die Lage
Frage: Was sind die drei wichtigsten Kriterien bei der Auswahl und Bewertung von Immobilien? Antwort: *Die Lage, die Lage und nochmals die Lage!* Diesen Spruch werden Sie in der Immobilienbranche immer wieder hören. Und tatsächlich: Die Lage ist einer der wichtigsten Faktoren bei Immobilien. Warum? Weil sowohl

Vermietbarkeit wie auch Rendite in hohem Maße von der Lage abhängen.

Eine Immobilie ist, wie der Name schon sagt, immobil, nicht mobil, kann also nicht bewegt werden. Sie befindet sich auf einem Grundstück, das ebenfalls nicht bewegt werden kann. Und genau darin unterscheidet sich die Lage von anderen Kriterien wie etwa der Bausubstanz oder dem Zustand des Gebäudes. Man kann an einer Immobilie vieles ändern, sie neu streichen, renovieren, sogar komplett entkernen. Aber die Lage kann man nicht ändern.

Daher ist die Lage der erste und wichtigste Faktor überhaupt.

Ein kluger Mann sagte einmal, man sollte das schlechteste Haus in der besten Lage kaufen. Auch das verdeutlicht die Wichtigkeit des Faktors Lage.

Aber was bedeutet das für Sie? Nur Wohnungen auf der Düsseldorfer Königsallee, der Frankfurter Zeil oder an der Hamburger Innenalster zu kaufen? Dort sind hohe Mieten garantiert. Aber: Die Kaufpreise sind astronomisch! Entsprechend kommen solche Lagen für eine vernünftige Investition nicht in Frage. Schon gar nicht, wenn man in die Immobilienbranche einsteigt.

Und wie sieht es mit den Top-Standorten in Städten wie Hamburg, Düsseldorf, Frankfurt, Stuttgart oder München aus? Auch davon würde ich zum gegenwärtigen Zeitpunkt abraten, weil die Märkte überhitzt sind, was bedeutet, dass eine starke Nachfrage die Kaufpreise in einigen Ballungsgebieten zu sehr nach oben gepuscht hat.

Wo aber soll man dann investieren, wenn doch die Lage so wichtig ist? In der Nähe von Ballungsgebieten! Oder in den Bereichen rund um diese hochpreisigen Städte, in denen zwar Nachfrage nach Wohnraum besteht, auch langfristig bestehen wird, die Preise aber (noch) bezahlbar sind.

Um Ihnen ein Beispiel zu nennen: Ich selbst wohne in Düsseldorf und habe hier auch einige Immobilien. Die habe ich aber vor vielen Jahren erworben, als die Preise noch moderat waren. In den letzten Jahren musste ich, um zu einem vernünftigen Preis/Leistungsverhältnis einkaufen zu können, immer weiter in die Peripherie von Düsseldorf gehen. Derzeit biete ich etwa solide Eigentumswohnungen in Solingen an.

Was bedeutet der Faktor Lage für Sie? Nicht dort zu investieren, wo niemand wohnen will, irgendwo in den ländlichen Regionen der neuen Bundesländer beispielsweise. Konzentrieren Sie sich auf die Bereiche rund um die deutschen Ballungszentren. Und noch etwas: Kaufen Sie Immobilien in der Nähe Ihres Wohnorts. Wenn Sie in Bayern wohnen, mögen Immobilien in Niedersachsen vom Preis her attraktiv erscheinen. Der enorme Aufwand, der aufgrund der hohen Entfernung mit der Bewirtschaftung verbunden ist, sollte jedoch nicht unterschätzt werden. Für manch einen mag es ein schönes Abenteuer sein, für die Neuvermietung einer Eigentumswohnung 500 Kilometer mit dem Auto zu fahren. In der Regel kostet es aber nur Zeit und strapaziert die Nerven. Setzten Sie also, sofern möglich, auf das regionale Angebot, so dass Sie nicht mehr als 50, maximal 100 Kilometer fahren müssen, um sich um Ihr Eigentum zu kümmern. Wenn Sie in einer guten Gegend wohnen, können Sie auch eine Wohnung in unmittelbarer Nähe erwerben. Das hat den Vorteil, dass Sie die Gegend kennen und schnell bei der Wohnung sein können.

Faktor 2: Das Verhältnis von Preis und Leistung
Der Kaufpreis ist ein wichtiger Faktor beim Kauf einer Immobilie. Letztlich entscheidend ist aber, ob der Preis realistisch ist, sprich die Immobilie so viel wert ist. Ist sie nämlich weniger wert, macht man als Käufer kein gutes Geschäft. Übertrifft ihr Wert hingegen den Kaufpreis, so kann man sich freuen.

Die Höhe des Kaufpreises allein ist kein Garant dafür, eine gute Investition zu tätigen. Eine Eigentumswohnung, die 50.000 Euro wert ist, für 40.000 Euro zu kaufen, ist ein besseres Geschäft, als 100.000 Euro für eine hinzublättern, die höchstens 80.000 Euro wert ist.

Doch wie schätzt man eine Immobilie ein? Wie kann man herausfinden, was sie wert ist? Gute Frage. Tatsächlich ist das ein wenig schwieriger als bei Geldwerten. Ein 100-Euro-Schein besitzt genau diesen Wert. Den können Sie einschätzen, denn Sie wissen ziemlich genau, was Sie damit kaufen können. Aber eine Immobilie? Das ist nicht ganz so einfach. Oft werden Gutachter herangezogen, meist Architekten, die berechnen, was eine Immobilie wert ist. Das kann sinnvoll sein, ist aber selten anwendbar, wenn Sie mehrere Dutzend Immobilien einschätzen wollen und für jede einen Gutachter einschalten, der pro Objekt ein Honorar von über 1.000 Euro verlangt.

Eine gute Quelle, um Immobilienpreise einer Region in Erfahrung zu bringen, ist der zuständige *Gutachterausschuss für Grundstückswerte*. Diesen Ausschuss gibt es für jede Region oder größere Stadt. Er veröffentlicht gewöhnlich jedes Jahr einen Bericht, den man im Internet finden kann. Der Clou: Als Grundlage für diesen Bericht greift der jeweilige Ausschuss auf die Kaufpreise tatsächlich gehandelter Immobilien zurück. Er wird nämlich unter anderem von Notaren informiert, wenn eine Immobilie verkauft wurde und auch über den Kaufpreis. Dann schreibt er gewöhnlich die Käufer an, um weitere Informationen über das Objekt zu erhalten. Entsprechend basieren die Berichte auf fundierten Informationen, nicht irgendwelchen Schätzungen.

Ein weiterer Hinweis sind Angebote aus den bekannten Quellen im Internet, zu denen etwa die folgenden gehören:

www.immoscout24.de
www.immonet.de
www.immowelt.de

Dabei ist zu beachten, dass Immobilien gewöhnlich teurer angeboten als verkauft werden. Nicht immer, aber in der Regel schon.

Es existieren weitere Quellen im Internet, um sich über Immobilien und Grundstückspreise zu informieren. Dazu zählen zum Beispiel die von verschiedenen Bundesländern angebotenen *Bodenrichtwertinformationssysteme*, kurz *BORIS*, etwa www.boris.nrw.de oder www.boris-bayern.de.

Experten verwenden zur Berechnung des Werts einer Immobilie die sogenannten *Normalherstellungskosten* (NHK) basierend auf einer Reihe von Tabellen für verschiedene Gebäudetypen aus dem Jahr 2010, daher auch als NHK 2010 bezeichnet. Auf diese Begriffe könnten Sie stoßen, wenn Sie Gutachten lesen. Im Grund geht es dabei darum, den Wert einer Immobilie anhand der Baukosten und des Alters zu bestimmen. Die Baukosten setzten sich dabei zum einen aus Materialkosten, vor allem aber aus Lohnkosten zusammen. Beim Bau einer Immobilie gibt es rund ein Dutzend Gewerke, die alle von entsprechend qualifizierten Handwerkern erstellt werden müssen. Und da die Lohnkosten steigen, steigen auch die Herstellungskosten. Dem gegenüber steht das Alter des Gebäudes. Mit zunehmendem Alter reduziert sich der Wert rein rechnerisch, wobei Sanierungsaktionen den Wert wieder steigern.

Das Thema Immobilienbewertung ist recht umfangreich, ich will an dieser Stelle aber nicht zu sehr ins Detail gehen. Und tatsächlich ist es auch nicht nötig, dass Sie ein Studium absolvieren, um mit diesem Thema umzugehen. Wenn Sie sich ein wenig mit dem Markt, in dem Sie zu kaufen gedenken, vertraut machen, werden Sie ein Gefühl dafür bekommen, in welchem Bereich sich die Preise für diejenigen Immobilien bewegen, die für Sie interessant sind. Fehler haben in der Vergangenheit vor allem diejenigen Immobilien- käufer gemacht, die sich nicht informiert und nur auf irgendwelche Verkäufer gehört haben.

Allerdings ist der Preis nur ein Teil, den es zu beachten gilt. Letztlich ist es das Verhältnis von Preis und Leistung, auf das es uns hier ankommt. Die Frage ist also nicht nur, wie teuer (oder günstig) eine Immobilie ist, sondern auch, was man dafür erhält.

Faktor 3: Die Rendite
Um verschiedene Immobilien bezüglich ihres Preis/Leistungsverhältnisses vergleichen zu können, betrachtet man gewöhnlich deren Rendite, also den finanziellen Ertrag.

Die Rendite ist ein Faktor, der bei Kapitalanlage- immobilien von großer Wichtigkeit ist. Schließlich investieren Sie Geld und Arbeit in Immobilien (abgesehen von Ihren eigenen vier Wänden) nur, um damit Gewinn zu erzielen und sich so ein Zusatzeinkommen zu schaffen beziehungsweise ein Vermögen aufzubauen.

Die Rendite gibt an, wie hoch der jährliche Gewinn einer Immobilie im Verhältnis zum Kaufpreis ist.

Dabei unterscheidet man zwischen der Nettorendite (Kaufpreis ohne Kaufnebenkosten) und der Bruttorendite (Kaufpreis inklusive Kaufneben-kosten).

Die Formeln zur Renditeberechnung sind:

Mietrendite (brutto) = Jahresmiete x 100 / Kaufpreis inklusive Nebenkosten

Mietrendite (netto) =   Jahresmiete x 100 / Kaufpreis ohne Nebenkosten

Betrachten wir dies anhand eines Beispiels: Sie erwerben eine Immobilie mit einem Kaufpreis von 100.000 Euro. Hinzu kommen Kaufnebenkosten für den Notar, Grundbucheinträge und die Grund-erwerbssteuer, eventuell auch noch für den Makler. Insgesamt beispielsweise noch 10.000 Euro. Macht insgesamt 110.000 Euro, die Sie für die Immobilie bezahlen.

Dem gegenüber stehen die Einnahmen in Form der Nettomiete (die vom Mieter gezahlten Nebenkosten können Sie natürlich nicht als Teil des Gewinns zählen, da Sie sie weitergeben müssen). Angenommen, diese beläuft sich auf 500 Euro im Monat, also 6.000 Euro pro Jahr. Dann lautet die Berechnung der *Bruttorendite* wie folgt:

Mietrendite (brutto) =   6.000 € x 100 / 110.000 €

Mietrendite (brutto) = 5,45 %

Bei der *Nettorendite* wird nur der reine Kaufpreis

berücksichtigt, weshalb die Rendite etwas höher ausfällt.

Mietrendite (netto) = 6.000 € x 100 / 100.000 €

Mietrendite (netto) = 6,00 %

Im Verlauf Ihrer Recherchen auf dem Immobilienmarkt werden Sie wahrscheinlich auf den Begriff des *Vielfachen der Jahresnettomiete* stoßen, oft auch einfach nur als das *Vielfache* oder *x-fache* bezeichnet. Das ist eine weitere Möglichkeit das Preis/Leistungsverhältnis von Immobilien miteinander zu vergleichen. Im Grund dienen dabei dieselben Werte als Basis, nur sieht die Berechnung anders aus.

Das Vielfache der Jahresnettomiete sagt aus, wie hoch der Kaufpreis im Verhältnis zur Jahresnettomiete ist, also der vom Mieter gezahlten Miete ohne Nebenkostenvorauszahlung, und wird wie folgt berechnet:

Vielfaches = Kaufpreis / Jahresnettomiete

Angenommen, Sie kaufen für 120.000 Euro eine Wohnung, deren monatliche Nettomiete bei 500 Euro liegt, was einer Jahresnettomiete von 6.000 Euro entspricht. Dann ergibt sich folgende Rechnung:

Vielfaches = 120.000 € / 6.000 €

Vielfaches = 20

Im vorliegenden Beispiel hätten Sie die Eigentumswohnung zum 20-fachen gekauft.

Je niedriger dieser Wert ausfällt, desto günstiger ist die Immobilie, je höher, desto teurer. Wenn Sie für 90.000 Euro eine Immobilie erwerben würden, die ebenfalls eine Jahresnettomiete von 6.000 Euro erzielen würde, ergäbe sich folgende Berechnung:

Vielfaches = 90.000 € / 6.000 €

Vielfaches = 15

Eigentumswohnungen sollten generell nicht teurer als das 20-fache sein, Mehrfamilienhäuser nicht teurer als das 13-fache. Das bedeutet anders herum, dass Eigentumswohnungen eine Rendite von mindestens 5 Prozent erzielen sollten und Mehrfamilienhäuser von mindestens 7,5 Prozent. Je höher das Vielfache, desto geringer ist die Rendite, und umgekehrt.

Kürzlich habe ich gelesen, dass Hausverkäufer in Düsseldorf aktuell das 30-fache verlangen. Das ist Wahnsinn! Es lohnt sich nicht, solche Häuser als Renditeobjekte zu kaufen. Da kann man woanders weit bessere Geschäfte machen.

Noch eine Anmerkung zur Höhe der Miete. Sie ist ein wichtiger Faktor zu Berechnung der Rendite. Deshalb wird sie zuweilen unrealistisch hoch angesetzt. Wenn man Immobilien bei Grundstückshändlern kauft, ist oft eine „Mietgarantie" im Kaufpreis enthalten. In den Prospekten wird dann auch mit dem Wert gerechnet, der garantiert wird. Angenommen, dieser Wert liegt bei 8 Euro Kaltmiete je Quadratmeter Wohnfläche. Dann sehen die entsprechenden Renditeberechnungen sicher richtig gut aus. Aber was ist, wenn die tatsächlich erzielbare Miete nur bei 6 Euro pro Quadratmeter liegt? Dann greift die Mietgarantie. Aber halt! Wer garantiert die Miete? Oft ist es eine GmbH mit 25.000 Euro Stammkapital, die nur gegründet wurde, um die Mieten zu garantieren. Da sie diese Funktion aber gewöhnlich für eine ganze Reihe von Wohnungen übernimmt, ist das Kapital schnell aufgebraucht, die GmbH geht pleite und die „Mietgarantie" ist nichts mehr wert. Die Moral von der Geschichte: Achten Sie darauf, das Miet-angaben realistisch sind. Als Maßstab dient Ihnen dabei der Mietspiegel der Region, in der sich die Immobilie befindet.

Faktor 4: Die Steuervorteile

Auf die Steuervorteile sind wir an früherer Stelle schon kurz eingegangen. Sie sind ein Faktor, den man einkalkulieren sollte. Allerdings darf man sie nicht zu hoch bewerten oder gar einzig und allein aufgrund dieses einen Faktors Immobilien kaufen. Diesen Fehler haben in der Vergangenheit viele Spitzenverdiener begangen. Um ihre Steuerlast zu senken, haben sie in Immobilien investiert und dabei nur den Steuervorteil beachtet, nicht aber andere Faktoren wie Bausubstanz, Lage, Rendite und Vermietbarkeit. Tatsächlich passiert so etwas alle Jahre wieder einmal. Der letzte große „Run" auf Steuersparimmobilien folgte der Wieder-vereinigung. Die Regierung gewährte damals willigen Investoren, die in den neuen Bundesländern Immobilien erwarben, außergewöhnlich hohe Steuervorteile. Das nutzten viele Tausend Großverdiener aus und sparten damit tatsächlich eine Menge Steuern. Das Problem: Die Immobilien hielten nicht, was den Investoren versprochen wurde. Die Mieten, die sich in Prospekten so schön machten, waren alles andere als realistisch und konnten langfristig nicht erzielt werden. Viele der Neubauten, wie etwa Einkaufszentren, wurden irgendwo auf dem Land aus dem Boden gestampft, ohne dass sie langfristig überhaupt vermietbar waren. Hinzu kam teilweise die schlechte Bausubstanz. Allein aus steuerlichen Gründen in Immobilien zu investieren, hat sich also für die Käufer nicht gelohnt. Betrachten Sie die Steuervorteile daher als zusätzlichen Bonus, nicht als alleinigen Kaufgrund.

Wie schon erwähnt, kann man nicht den gesamten Kaufpreis einer Immobilie absetzen, sondern nur den Gebäudewert.

Dabei gilt es zwischen Altbauten und Neubauten zu unterscheiden, und zwar vom steuerlichen Gesichtspunkt. Das Finanzamt betrachtet nämlich nur solche Gebäude als „Neubauten", die vom Steuerpflichtigen selbst hergestellt oder bis zum Ende des Jahres der Fertigstellung gekauft wurden. Wenn Sie beispielsweise eine drei Jahre alte Immobilie vom Vorbesitzer kaufen, ist diese unter steuerlichen Aspekten betrachtet ein „Altbau", selbst wenn sie quasi neu ist.

Grundsätzlich können Gebäude jährlich mit 2 Prozent ihres Wertes abgeschrieben werden, und das 50 Jahre lang. Dies bezeichnet man als *Lineare AfA* (Abschreibung für Abnutzung). Linear deshalb, weil der Prozentsatz jedes Jahr gleich bleibt. Bei Immobilien, die vor dem 1.1.1925 fertiggestellt wurden, kann man jährlich 2,5 Prozent ihres Wertes absetzen, und das 40 Jahre lang.

Nur bei Neubauten gilt die sogenannte *Degressive AfA*. Degressiv deshalb, weil die Prozentsätze im Laufe der Zeit abnehmen. Man kann in den ersten 10 Jahren jeweils 4 Prozent des Wertes absetzen, in den darauffolgenden 8 Jahren jeweils 2,5 Prozent und dann noch 32 Jahre 1,25 Prozent jährlich.

Die Degressive AfA ist, steuerlich betrachtet, in den ersten 10 Jahren nach der Anschaffung vorteilhaft, weil man einen höheren Prozentsatz des Wertes von der Steuer absetzen kann. Wenn Sie mich fragen, ob es sich lohnt, für diesen Steuervorteil in Neubauten zu investieren, lautet meine Antwort ganz klar nein! Warum? Weil die Kosten bei Neubauten höher sind als bei Altbauten und die Steuervorteile diesen Nachteil in der Praxis selten ausgleichen können.

Faktor 5: Der Grundriss
Ein nicht zu vernachlässigender Faktor ist der Grundriss einer Immobilie. Nicht umsonst beschäftigen Makler und Immobilienhändler Grafiker, um möglichst ansprechende Grundriss-zeichnungen der von ihnen angepriesenen Immobilien zu erstellen. Und natürlich ist der

Grundriss von Interesse, vor allem für die Nutzer der Immobilie. Da Sie als Vermieter die Wünsche Ihrer Mieter berücksichtigen sollten, verdient der Grundriss ein wenig Aufmerksamkeit.

Die meisten Mieter wünschen sich eine gut geschnittene, helle Wohnung. Aber was bedeutet gut geschnitten? Zum einen sollten, der Wohnfläche entsprechend, genug Zimmer vorhanden sein. Eine 80-Quadratmeter-Wohnung, die nur ein Zimmer und Bad hat, mag zwar Loft-Charakter versprühen, ist aber nicht unbedingt gut zu vermieten. Problematisch und absolut nicht mehr zeitgemäß sind gefangene Räume, also solche Zimmer, die man nicht über den Flur, sondern nur über andere Zimmer erreicht. Zu kleine Bäder und Küchen können auch problematisch sein.

Ein Balkon oder eine Terrasse oder Gartennutzung hingegen sind Pluspunkte. Viele Mieter legen wert auf ein Tageslichtbad, also eines mit Fenster.

Eine Kapitalanlageimmobilie muss über keinen perfekten Grundriss verfügen, um für Sie als Anlageobjekt in Frage zu kommen. Sie sollte aber so geschnitten sein, dass ausreichend Nachfrage danach besteht.

Ein weiterer Faktor, der den Grundriss betrifft, ist die tatsächliche Größe der Immobilie. Es kommt zuweilen vor, dass dabei ein wenig geschummelt wird. Wenn die Größe einer Wohnung mit 60 Quadratmetern angegeben wird, sollte sie auch so groß sein und nicht nur 50 Quadratmeter. Geringe

Abweichungen sind möglich, weil je nach Messverfahren über oder unter Putz gemessen wird. Dachschrägen werden bis zu einer Höhe von einem Meter gar nicht berücksichtigt, mit einer Höhe zwischen einem und zwei Metern zur Hälfte. Komplizierter wird es bei Balkonen und Terrassen. Gewöhnlich wird nur ein Viertel ihrer Fläche zur Wohnfläche hinzugezählt. Bei älteren Mietverträgen kann es aber auch die Hälfte sein.

Die Größe kann man gewöhnlich anhand von Bauplänen nachrechnen oder man misst selber nach. Bei Eigentumswohnungen ist das schnell erledigt. Da Banken für die Finanzierung eine Wohnflächenberechnung verlangen, ist es ohnehin nötig, nachzurechnen.

Umständlicher wird das Ganze bei Mehrfamilienhäusern. Hier kommt es zuweilen vor, dass nicht zu Wohnzwecken dienende Flächen als eben solche mitgerechnet werden. Üblich ist das etwa bei Dachgeschossen oder Anbauten. Wenn dafür aber keine Baugenehmigungen vorliegen, ist es de facto kein Wohnraum und darf auch nicht als solcher genutzt beziehungsweise vermietet werden. Natürlich kann man eine nachträgliche Baugenehmigung beantragen, aber das dauert, kostet und kann weitere bauliche Maßnahmen nach sich ziehen, um die vom Bauamt geforderten Auflagen zu erfüllen.

Da in Kaufverträgen gewöhnlich keine Fläche der Wohnung angegeben wird, sollten Sie selbst darauf achten.

Faktor 6: Die Bausubstanz

Die Bausubstanz kann ein wichtiger Faktor sein. Vor allem dann, wenn Probleme damit vorhanden sind. Verschiedene Generationen von Häusern weisen dabei unterschiedliche Vor- und Nachteile auf. Da es nicht zweckmäßig ist, die Wände der Immobilien, die man kaufen will, aufzureißen, muss man sich mit dem begnügen, was man sehen kann. Damit Sie eine Vorstellung davon bekommen, was Sie erwartet und worauf Sie achten sollten, hier ein paar Worte zu diesem Thema.

Zunächst einmal sollten Sie wissen, dass die meisten Häuser, die um 1900 herum gebaut worden sind, Holzdecken haben und nur das Erdgeschoss, also die Kellerdecke, aus Beton besteht. Holz ist, abgesehen von etwas geringerer Tragkraft, an sich kein Problem, es sei denn, es ist feucht geworden oder von Schädlingen befallen. Wenn Sie eine Wohnung aus der Zeit besichtigen, ist ein einfacher Test, hochzuspringen und herauszufinden, ob oder wie sehr der Boden beim Aufkommen schwingt. Ist er in Ordnung, sollte ihm die Belastung kaum etwas ausmachen. Gibt er nach, so dass die Möbel wackeln, könnte das auf Schäden hinweisen. Die Außenwände solcher Häuser sind gewöhnlich sehr solide, wenn auch nicht gedämmt.

Die Bausubstanz von Häusern, die zwischen den beiden Weltkriegen gebaut wurden, ist gewöhnlich gut. Hier kamen als Baumaterialien vor allem gebrannte Ziegel und Beton für die Decken zum

Einsatz, und natürlich auch Holz. Allerdings fehlen Trittschall- und Wärmedämmung.

Häusern, die vor dem Zweiten Weltkrieg gebaut wurden, ist oft einen besonderer Charme eigen. Sie haben gewöhnlich hohe Decken, die ein besonderes Wohngefühl vermitteln. Auch die hölzernen Treppengeländer und Stuck an den Decken kommt bei vielen Mietern gut an. Allerdings hängt es von ihrem Zustand ab, ob sie sich aktuell und auf lange Sicht als Kapitalanlageobjekt eignen.

Direkt nach dem Krieg, also im Zeitraum von 1945 bis etwa 1955, wurde wenig auf die Qualität der Gebäude geachtet. Da ein großer Teil des Wohnraums durch Bomben und Granaten zerstört worden war, ging es vor allem darum, schnell neue Häuser zu bauen beziehungsweise beschädigte zu restaurieren. Auf Qualität wurde dabei wenig geachtet. Entsprechend sind Objekte aus dieser Zeit zumeist problematisch.

Etwa ab 1955 wurde wieder solide gebaut. Betondecken gehörten ab dieser Zeit zum Standard. Aufgrund gesetzlicher Vorgaben wurden Faktoren wie Wärmedämmung kontinuierlich verbessert, wobei sie anfangs noch weit vom heutigen Standard entfernt waren.

Während das Baujahr eines Hauses eine große Rolle spielt, stellt sich natürlich auch die Frage, welche Gewerke seit dem Bau erneuert wurden. Zwei Häuser aus dem Jahr 1960 können völlig unterschiedliche Qualität aufweisen. Bei einem

könnten noch die alten zweiadrigen Elektro-
leitungen verlegt sein, die beim anderen schon
erneuert wurden. Das Erste hat vielleicht zwanzig
Jahre alte Fenster, während die des anderen erst von
fünf Jahren erneuert wurden. Gleiches gilt für
andere Gewerke.

Ein wichtiger Faktor ist Feuchtigkeit. Diese kann
durch ein undichtes Dach, leckende Rohrleitungen
und andere Quellen ins Haus gelangen und Schaden
anrichten. Manche Feuchtigkeitsschäden kann man
leicht in Ordnung bringen. Geschieht das aber
nicht, können beschädigte Holzgewerke und
Mauern die Folge sei, ganz abgesehen von
Schimmel.

Schadstoffe können auch ein Thema sein. In
Häusern aus den 1970er Jahren enthalten einige
Bauteile Asbest. Der befindet sich beispielsweise in
feuerbeständigen Pressplatten, die unter anderem in
abgehängten Decken, im Dachgeschoss, der
Balkonbrüstung und Außenfassade eingesetzt
wurden. Auch Nachtspeicherheizungen können
Asbest enthalten. Bei Letztgenannten kann man
sich beim Hersteller erkundigen, der aufgrund der
Seriennummer dazu gewöhnlich Angaben machen
kann.

Wenn es um Ihre erste Immobilie geht, sollten Sie
kein Risiko eingehen und das Objekt sorgfältig
innen und außen unter die Lupe nehmen. Wenn
Ihnen etwas auffällt, das Probleme bereiten kann,
fragen Sie nach und informieren Sie sich, was es
damit auf sich hat.

Die im Anhang befindliche *Vollständige Checkliste für den Kauf von Wohnimmobilien* führt auf, worauf man bei der Besichtigung einer Immobilie achten sollte. Sie ist vor allem dann hilfreich, wenn man in die Materie einsteigt. Mit der Zeit wird man immer besser darin, die positiven wie auch die negativen Faktoren zu erkennen und richtig zu beurteilen.

Renovierungsbedürftige Häuser können, wenn man über ausreichende Erfahrung verfügt, in der Tat eine sinnvolle Investition darstellen. Das habe ich vor rund 20 Jahren in Waldbröl erfahren. Die städtische Wohnungsbaugesellschaft hatte dort 1948 etwa 20 Einfamilienhäuser errichtet und an die Stadt vermietet. Erst wurden sie von Flüchtlingen und Aussiedlern genutzt und schließlich als Notunterkünfte für Bedarfsfälle. Das Problem: Die Häuser waren seit Jahrzehnten nicht renoviert worden und die Renovierungskosten sollten für jedes Haus 270.000 Mark betragen. Da die Stadt diese Summe nicht ausgeben wollte, verklagte die Wohnungsbaugesellschaft, die ja eigentlich der Stadt gehörte, die Stadt. Klingt absurd, aber so läuft das bei der deutschen Bürokratie manchmal. Wie auch immer, die Wohnungsbaugesellschaft hatte mit ihrer Klage keinen Erfolg, weil im Mietvertrag keine Renovierung vereinbart worden war. Da man es bei der Wohnungsbaugesellschaft leid war, sich mit den Beschwerden der Mieter zu befassen, und kein Interesse hatte, die Renovierungskosten selbst zu investieren, wollte man die Häuser verkaufen. Ich kaufte erst 16 Häuser, später noch einmal vier.

Somit war ich Eigentümer einer ganzen Reihe renovierungsbedürftiger Häuser. Ich hatte aber bei der Prüfung der Unterlagen gesehen, dass die von der Stadt bezahlten Mieten weit unter dem Mietspiegel lagen. Entsprechend wartete ich, bis ich als Eigentümer im Grundbuch eingetragen worden war, und schickte der Stadt dann eine wohlbegründete Mieterhöhung um 20 Prozent. Dadurch war meine Immobilienanlage auf einen Schlag um 20 Prozent wertvoller geworden. Etwa drei Jahre später erhöhte ich die Miete erneut um 20 Prozent. Kurz darauf kündigte die Stadt die Mietverträge fristgerecht, da sie andere Immobilien für ihre Zwecke gefunden hatte. Ich hatte also eine ganze Reihe renovierungsbedürftiger Einfamilienhäuser und keine Mieter dafür. Die Häuser zu renovieren hätte sich nicht rentiert. Also habe ich mir Mieter gesucht, die das selbst übernehmen wollten. Ich bekam dadurch renovierte Häuser, die Mieter eine reduzierte Miete und ein Haus nach ihrem jeweiligen Geschmack. Bei einigen habe ich das Material finanziert, aber dann immer auf die Materialkosten 11 Prozent Amortisation gerechnet, was bei 2 Prozent Gegenfinanzierungskosten und der Verwendung des Materials in meinem Haus auch nicht schlecht war. Heute sind die 20 Häuser durchgängig vermietet und ich habe attraktive Einnahmen. Renovierungsbedürftige Häuser sind also nicht zu verachten, wenn man damit umzugehen weiß und die Situation günstig ist.

Kurzübersicht:

1. Was Sie suchen, ist eine Immobilie mit guter Bausubstanz, die eine relativ gute Lage hat und daher *langfristig gut vermietbar* ist.

2. Die verschiedenen Faktoren, die es bei der Objektauswahl zu beachten gilt, sind:
(1) Lage
(2) Verhältnis von Preis und Leistung
(3) Rendite
(4) Steuervorteile
(5) Grundriss
(6) Bausubstanz

7. Marktanalyse, oder: Welcher Preis ist angemessen?

Wer kein Geld hat,
dem hilft es nicht,
dass er fromm ist.
Martin Luther

Um eine günstige Kapitalanlageimmobilien zu finden, sollten Sie den Markt kennen. Nur dann wissen Sie, ob Sie ein Schnäppchen vor sich haben oder eine überteuerte Immobilie. Nur dann können Sie ein Angebot, das Sie erhalten, richtig einschätzen.

Grundsätzlich wird der Immobilienmarkt über Angebot und Nachfrage reguliert. Das bedeutet, dass es Käufer und Verkäufer sind, die durch ihre Aktionen die Preise bestimmen. Es existieren keine staatlich vorgeschriebenen Sätze, zu denen Immobilien verkauft werden müssen, und das ist auch gut so.

Wenn die Nachfrage nach Immobilien abnimmt, wenige Interessenten vielen Verkäufern gegen-überstehen, redet man von einem *Käufermarkt*. In diesem Fall befinden sich die Käufer in einer vorteilhaften Position und können sich die Objekte, die sie kaufen wollen, in Ruhe aussuchen. Genau anders herum verhält es sich bei einem *Verkäufermarkt*. Viele Interessenten wollen die wenigen angebotenen Objekte kaufen und müssen dafür tief in die Tasche greifen.

Idealerweise kauft man Immobilien, wenn es sich um einen Käufermarkt handelt und verkauft, wenn sich die Situation geändert hat und man einen Verkäufermarkt hat. Das ist in der Praxis nicht immer möglich. Trotzdem sollte man natürlich so günstig wie möglich einkaufen und, sofern man will, so teuer wie möglich verkaufen.

Das bringt uns zurück zu den ursprünglichen Fragen: Was ist günstig? Und was ist teuer? Welcher Preis ist angemessen?

Ein Blick auf den Immobilienmarkt
Preise von Immobilien gehen hoch, wenn die Nachfrage steigt. Und wann steigt sie? Dazu existieren mehrere Antworten. Zum einen dann, wenn Geld an Wert verliert und Anleger ihr Vermögen vor der Inflation schützen möchten. Dazu habe ich bereits einiges geschrieben. Dann steigen die Immobilienpreise natürlich, wenn die Nachfrage nach Wohnraum steigt. In der Vergangenheit war das nicht immer der Fall. Oder zumindest nicht überall. In vielen deutschen Städten schrumpfte nämlich die Zahl der Einwohner. Und das aus verschiedenen Gründen.

Nehmen wir als Beispiel die neuen Bundesländer. Dort zieht es seit der Wiedervereinigung vor allem die jüngeren Bürger in die Ballungsgebiete. Ergo nimmt die Bevölkerung in den ländlichen Gebieten ab, während sie in den Ballungsgebieten steigt. Das sagt einem, wo man kaufen sollte und wo nicht.

Ein anderes Beispiel: Vor wenigen Jahren gab es eine gewisse Stadtflucht. Viele Bürger wollten die Städte verlassen und aufs Land ziehen. Einige haben es getan. Dann, ein paar Jahre später, kam es zu einer Landflucht. Jetzt fand die gegenteilige Entwicklung statt, viele Deutsche drängten in die Städte. Das ist nach wie vor der Fall. Daher sind es die Ballungszentren beziehungsweise deren preisgünstige Umfelder, auf die Sie sich konzentrieren sollten.

Gegenwärtig sieht es so aus, als ob die Bevölkerungszahlen wieder steigen würden, weniger wegen der Deutschen, vielmehr wegen der Zuwanderung von Migranten und Flüchtlingen. Wenn man in Betracht zieht, dass die Weltbevölkerung insgesamt steigt, werden auch auf kurz oder lang mehr Menschen in Deutschland wohnen.

Hinzu kommt, dass sich die Ansprüche der Mieter in den letzten Jahrzehnten verändert haben. Heute will man in der Regel mehr Wohnraum als früher. Selbst wenn die Bevölkerung ein wenig abnimmt, bedeutet das daher nicht automatisch, dass die Nachfrage sinkt.

Ein weiterer Aspekt ist die Verschiebung der Altersstruktur. Die Deutschen werden im Schnitt älter. Diesen Faktor sollte man beim Immobilien-kauf berücksichtigen und keine Wohnungen im vierten Stock kaufen, wenn das Haus keinen Aufzug hat. Ebenso ist Barrierefreiheit von Vorteil, wenn auch kein Muss

Entscheidung für den richtigen Standort

Wenn Sie Immobilien erwerben wollen, sollten Sie sich die Frage stellen, wo das sinnvoll ist. Es muss ein Ort (oder müssen Orte) sein, wo aller Voraussicht nach kurz-, mittel und langfristig Nachfrage nach Wohnraum bestehen wird. Entsprechend läuft es auf Ballungszentren und denen Umgebungen hinaus. Wenn Sie also Ihre erste Immobilie kaufen oder Ihren Bestand ausbauen wollen, suchen Sie sich ein kleines oder großes Ballungszentrum in der Nähe Ihres Wohnortes und machen Sie sich mit dem dortigen Markt vertraut. Finden Sie heraus, zu welchen Preisen dort Immobilien verkauft wurden (Grundstücksmarktbericht) und was aktuell verlangt wird (Anzeigen in Zeitungen und im Internet). Konzentrieren Sie sich auf die Immobilien, die Sie sich aufgrund Ihrer finanziellen Situation leisten können und erstellen Sie eine Liste. Nehmen Sie diese Objekte weiter unter die Lupe, bis Sie etwas Passendes gefunden haben, eine vermietbare Immobilie, die Sie zu einem angemessenen Preis kaufen und finanzieren können. Wenn Sie ein Schnäppchen finden, prima. Falls gerade keines in Sicht ist, tut es auch eine solide Eigentumswohnung zu einem moderaten Preis.

Bei der Suche gilt es indes, ein paar Dinge zu beachten.

Besichtigen Sie die Immobilie, bevor Sie kaufen!

Bevor Sie eine Immobilie kaufen, müssen Sie diese auf jeden Fall besichtigen. Das zu tun kann Ihnen eine Menge Ärger ersparen. Fotos in Anzeigen oder Prospekten können einen Eindruck von einer Immobilie oder deren Umgebung vermitteln, aber natürlich wird der Anbieter dabei nur die schönsten Seiten hervorheben wollen.

Ob Sie es glauben oder nicht, es ist schon vorgekommen, dass unbedarfte Käufer Eigentumswohnungen oder gar Häuser aus dem Katalog gekauft haben, ohne sie selbst in Augenschein genommen zu haben. Das ist natürlich töricht. Ganz besonders heute, in einer Zeit, wo man mit Photoshop nicht nur die Frauen auf Zeitschriftencovers retuschiert, sondern alles Mögliche.

Die einzige Ausnahme zu dieser Regel sind Zwangsversteigerungen, bei denen man gewöhnlich keine Möglichkeit hat, eine Wohnung zu betreten. Aber selbst dann sollte man sich so gut es geht ein Bild von der Immobilie verschaffen. Das bedeutet, die Umgebung unter die Lupe zu nehmen. Und zwar nicht nur am Sonntag, sondern auch in der Woche, wo sich manchmal ein völlig anderes Bild zeigt. Auch kann man gewöhnlich den Hausflur betreten und so eine Idee von den Bewohnern bekommen und der Art und Weise, wie sie mit ihrem Wohnraum umgehen.

Verzetteln Sie sich nicht!
Da Sie wahrscheinlich einer Arbeit nachgehen, die Sie benötigen, um von einer Bank die Finanzierung für Ihre Immobilie zu erhalten, ist Ihre Zeit ein wenig eingeschränkt. Sie können nicht mehrere Wochen lang acht Stunden am Tag daran arbeiten,

eine passende Immobilie zu finden. Entsprechend dürfen Sie sich nicht verzetteln. Konzentrieren Sie sich auf ein paar aussichtsreiche Regionen und halten Sie dort nach passenden Objekten Ausschau.

Tun Sie es!

Endlos nach einem Superschnäppchen zu suchen, mag eine Zeitlang Spaß machen, führt aber nur zu Frust, wenn man es nicht findet. Es ist besser, in absehbarer Zeit eine Immobilie zu einem angemessenen Preis zu kaufen als das zu unterlassen, weil man auf ein noch günstigeres Angebot hofft.

Auf lange Sicht gesehen ist es egal, ob eine Immobilie ein paartausend Euro mehr oder weniger kostet. Sofern Sie die Finanzierung bekommen und der Mieter wie geplant seine Miete zahlt und sich die Immobilie trägt, macht das nichts aus. Ein etwas höherer Kaufpreis schmälert die Rendite und verlangsamt Ihren Vermögensaufbau ein wenig. Es ist dennoch weitaus besser, etwas mehr zu zahlen, als gar nicht zu kaufen.

Feilschen erlaubt!

Das bedeutet nicht, dass Sie nicht feilschen können. Wenn eine Eigentumswohnung zu einem Preis von 55.000 Euro angeboten wird, können Sie dem Verkäufer natürlich auch 50.000 Euro bieten, mit ihm verhandeln und sich schließlich auf 52.000 Euro oder 53.000 Euro einigen. Inwiefern es Sinn macht zu feilschen, hängt von der Situation ab. Sind wenige Interessenten für die Immobilie vorhanden, sollten Sie es versuchen. Sind anders herum viele Interessenten vorhanden, macht es nicht viel Sinn, den Kaufpreis drücken zu wollen.

Wichtig ist bei Preisverhandlungen auch, den Verkäufer richtig einzuschätzen. Hat er den Kaufpreis höher angesetzt, weil er davon ausgeht, dass er bei der Preisverhandlung nachgeben muss? Meist ist das der Fall. Manchmal trifft man aber auch auf einen Verkäufer, der das nicht so sieht und auf den von ihm festgelegten Preis besteht, sogar ablehnend reagiert, wenn man zu handeln versucht. Und in einigen Fällen kann es sogar vorkommen, dass andere Kaufinteressenten mehr als den verlangten Preis bieten, nur, um die Immobilie zu bekommen.

Kümmert sich ein Makler um den Verkauf, kann man oft nicht direkt mit dem Käufer verhandeln. Dann ist der Makler der Ansprechpartner. Auch er will einen möglichst hohen Kaufpreis erzielen, weil seine Provision davon abhängt. Aber natürlich ist es für ihn gut, die Immobilie schnell zu verkaufen, da er dann auch schnell Geld verdient.

Kaufnebenkosten im Blick
Wenn Sie eine Immobilie erwerben, fallen neben dem Kaufpreis weitere Kosten an. Daher kostet eine Immobilie, die man für 100.000 Euro kauft, weit mehr als das. Diese sogenannten Kaufnebenkosten muss man natürlich mit einkalkulieren.

Was man immer zu zahlen hat, ist die *Grunderwerbsteuer*. Diese ist in den letzten Jahren immer weiter erhöht worden, wobei es von Bundesland zu

Bundesland unterschiedliche Sätze gibt. In Nordrhein-Westfalen lag sie vor ein paar Jahren noch bei 3,5 Prozent, stieg dann auf 5 Prozent und liegt aktuell bei 6,5 Prozent. Das ist eine Menge Geld. Bei einem Kaufpreis von 100.000 Euro sind das immerhin 6.500 Euro.

Ganz nebenbei: Die Grunderwerbsteuer fällt nur einmal an, und zwar beim Kauf, und sollte nicht mit der *Grundsteuer* verwechselt werden, die regelmäßig anfällt und von der Stadt erhoben wird. Während die Grundsteuer auf den Mieter umgelegt werden kann, ist das bei der Grunderwerbsteuer natürlich nicht möglich. Und noch etwas: Um als Eigentümer einer Immobilie im Grundbuch eingetragen werden zu können, ist eine Unbedenklichkeitsbescheinigung vom Finanzamt nötig. Die erhält man aber nur, wenn die Grunderwerbsteuer gezahlt wurde.

Des Weiteren fallen immer *Gebühren fürs Grundbuchamt* an. Man muss als neuer Eigentümer im Grundbuch eingetragen werden, die Grund-schuld muss eingetragen werden etc. All das kostet Geld. Dabei handelt es sich nicht um einen festen Prozentsatz, sondern vorgegebene Sätze, die von der Höhe der Grundschuld etc. abhängig sind. Über den Daumen gepeilt kann man mit 0,5 Prozent vom Kaufpreis rechnen.

Da, mit Ausnahme von Zwangsversteigerungen, alle Immobilienkäufe in Deutschland von einem Notar abgewickelt werden müssen, sind auch für dessen Tätigkeit Gebühren zu zahlen. Die

Notarkosten sind, genau wie die Gebühren fürs Grundbuchamt, gesetzlich festgelegt und hängen hauptsächlich vom Kaufpreis ab. Hier kann man grob von 1 Prozent vom Kaufpreis ausgehen.

Im Internet stehen Seiten zur Verfügung, die in Abhängigkeit vom Kaufpreis und anderen Faktoren die zu erwartenden Gebühren für das Grundbuchamt und den Notar genau berechnen und detailliert aufschlüsseln.

Falls Sie eine Immobilie nicht direkt vom Anbieter, sondern über einen Makler erwerben, fallen weitere Kosten an. Die *Maklergebühr* ist je nach Region verschieden. In Nordrhein-Westfalen sind 3 Prozent zuzüglich Mehrwertsteuer, also 3,57 Prozent vom Kaufpreis, üblich.

Wenn Sie also in Nordrhein-Westfalen eine Immobilie erwerben, müssen Sie mit Kaufnebenkosten von rund 9 Prozent rechnen; sofern ein Makler mit dem Verkauf beauftragt wurde, mit knapp 13 Prozent. Das ist kein Pappenstil und Geld, das die Immobilie erst wieder erwirtschaften muss.

Ich empfehle, die Kaufnebenkosten aus der eigenen Tasche zu zahlen und nur den reinen Kaufpreis zu finanzieren. Apropos Finanzierung: Was dabei zu beachten ist und wie Sie am besten vorgehen, behandeln wir im nächsten Kapitel.

Kurzübersicht:

1. Idealerweise kauft man Immobilien, wenn es sich um einen Käufermarkt handelt, und verkauft, wenn sich die Situation geändert hat und man einen Verkäufermarkt hat. Das ist in der Praxis nicht immer möglich.

2. Wenn Sie Immobilien erwerben wollen, sollten Sie sich die Frage stellen, wo das sinnvoll ist. Es muss ein Ort (oder müssen Orte) sein, wo aller Voraussicht nach kurz-, mittel und langfristig Nachfrage nach Wohnraum bestehen wird. Entsprechend läuft es auf Ballungszentren und denen Umgebungen hinaus.

3. Bevor Sie eine Immobilie kaufen, müssen Sie diese auf jeden Fall besichtigen.

4. Verzetteln Sie sich nicht! Konzentrieren Sie sich auf ein paar aussichtsreiche Regionen und halten Sie dort nach passenden Objekten Ausschau.

5. Es ist besser, in absehbarer Zeit eine Immobilie zu einem angemessenen Preis zu kaufen, als das zu unterlassen, weil man auf ein noch günstigeres Angebot hofft.

6. Abhängig von der Marktsituation ist es möglich, über den Kaufpreis zu verhandeln.

7. Zum Kaufpreis kommen noch die Kaufneben-
kosten hinzu:
- Grunderwerbsteuer
- Gebühren fürs Grundbuchamt
- Notarkosten
- eventuell Maklergebühr

8. Nicht nur für Zahlenakrobaten: Grundlagen der Immobilienfinanzierung

Die Liebe auf den ersten Blick
gibt es auch gegenüber dem Bankkonto.
Zsa Zsa Gabor

Wenn Sie sich entschieden haben, eine Immobilie zu kaufen, und eine gefunden haben, die Ihre Vorgaben entspricht, gilt es die Finanzierung zu klären, und zwar noch bevor Sie den Kaufvertrag unterschreiben. Wenn Sie sich noch nie um eine Finanzierung bei einer Bank bemüht haben, kann das auf den ersten Blick kompliziert erscheinen. Das ist verständlich.

Daher will ich Ihnen in diesem Kapitel die wichtigsten Aspekte der Finanzierung näher bringen.

Finanzierung aus der Sicht des Bankers
Eine Bank prüft eine ganze Reihe von Faktoren, bevor sie Gelder bewilligt. Das ist verständlich, schließlich will sie mit der Kreditvergabe Geld verdienen, keines verlieren. Betrachten wir daher, wie sich die Kreditvergabe für den Banker darstellt.

Zunächst einmal kommen immer wieder Kunden zu ihm, die sich Geld leihen wollen. Da wären zunächst die *Konsumkredite* zu nennen. Lieschen Müller will sich ihren großen Traum erfüllen und mit ihrer Familie eine Weltreise machen. Die 8.000 Euro, die sie dafür benötigt, hat sie leider gerade nicht. Also will sie sich das Geld leihen. Der

Banker nimmt Lieschen Müller und ihre finanzielle Situation (Einkommen, SCHUFA etc.) unter die Lupe und entscheidet dann, ob er den Kredit gewährt und zu welchen Bedingungen. Das Problem bei einem Konsumkredit besteht darin, dass er durch nichts abgesichert ist. Falls Lieschen Müller nach dem Urlaub entlassen wird und nicht mehr zahlungsfähig ist, kann sie die Kreditraten vielleicht nicht mehr zahlen. Das stellt für die Bank ein Risiko dar, weshalb für den Konsumkredit relativ hohe Zinsen verlangt werden.

Anders verhält es sich bei einem *Immobilienkredit*, der auch als *Hypothekenkredit* bezeichnet wird. In diesem Fall stellt der Kreditnehmer der Bank die Immobilie als Sicherheit zur Verfügung. Falls er die Kreditraten tatsächlich nicht mehr zahlen kann, wird die Immobilie zwangsversteigert und die Bank erhält ihr Geld oder zumindest einen Teil davon zurück. Daher sind die Zinsen für Immobilienkredite niedriger als für Konsumkredite.

In beiden Fällen nimmt der Banker den Kreditnehmer genau unter die Lupe, um sicherzugehen, dass dieser seiner finanziellen Verpflichtung nachkommt. Dabei beurteilt er dessen Bonität, um abzuschätzen, wie wahrscheinlich das ist.

Warum macht er das? Weil die Bank das Geld, das sie als Kredit vergibt, auch nicht geschenkt bekommt. Sie selbst leiht es sich ebenfalls, unter anderem von der Europäischen Zentralbank oder anderen Instituten. Oder sie gibt Wertpapiere, sogenannte Pfandbriefe, an Anleger heraus, denen sie dafür einen festen Betrag als Zinsen zahlt. Wenn sie für das geliehene Geld beispielsweise 1 Prozent Zinsen zahlt, verleiht sie es vielleicht für 2 Prozent weiter. Die Differenz zwischen den beiden Zinssätzen ist ihr Bruttogewinn. Sollte der Kreditnehmer seinen Zahlungsverpflichtungen nicht nachkommen, muss die Bank es trotzdem an ihren Geldgeber zurückzahlen, macht also Verlust.

Knackpunkt Bonität
Bonität ist der aus dem Lateinischen abgeleitete Begriff für *Kreditwürdigkeit*. Banken unterziehen potenzielle Kreditnehmer einer Prüfung, um nur an solche Personen Geld zu verleihen, von denen sie es mit größtmöglicher Wahrscheinlichkeit zurückerhalten.

Zunächst einmal wird die SCHUFA überprüft, um zu sehen, wie der Antragsteller in der Vergangenheit mit seinen Finanzen umgegangen ist. In der SCHUFA ist jeder Kredit eingetragen, ebenso negative Faktoren wie Nichteinhaltung von Zahlungsverpflichtungen. Wie Sie wahrscheinlich wissen, wird die SCHUFA überprüft, wenn Sie einen Handyvertrag abschließen. Negativeinträge führen dazu, dass die Mobilfunkgesellschaft keinen Vertrag abschließt und kein Handy zur Verfügung stellt. Bei Krediten für Immobilien ist es genauso. Falls Sie also einen negativen SCHUFA-Eintrag haben, müssen Sie den in Ordnung bringen, *bevor* Sie einen Kredit beantragen.

Faktoren, die die Bonität positiv beeinflussen, sind eine Festanstellung, regelmäßiges Einkommen,

Eigenkapital und Vermögen allgemein. Wenn Sie bei Ihrer Hausbank einen Kreditantrag stellen, kann diese anhand Ihres Kontos sehen, wie viel Geld Sie in der Vergangenheit verdient haben und teilweise auch, wie Sie damit umgegangen sind.

Bereits bestehende Kreditverträge beeinflussen die Bonität ebenfalls. Wenn Sie Ihren diesbezüglichen Verpflichtungen stets nachgekommen sind, ist das für die Bank ein positiver Hinweis. Allerdings werden die monatlichen Raten zu Ihren Ausgaben hinzugezählt, was sich negativ auf die Summe auswirken kann, die Sie in den Augen der Bank für die Rate eines Immobilienkredits zur Verfügung haben.

Falls Sie in den Augen Ihrer Hausbank keine ausreichende Bonität für eine Immobilienfinanzierung haben, gibt es mehrere Wege, damit umzugehen:
1. Sie suchen sich eine andere Bank und versuchen es dort. Dabei können Sie auch die Unterstützung eines Finanzierungsvermittlers in Anspruch nehmen.
2. Sparen Sie weiter und erhöhen Sie Ihr Eigenkapital. Arbeiten Sie generell daran, Ihre Bonität zu verbessern, etwa, indem Sie Ihr Konto nie überziehen, all Ihren finanziellen Verpflichtungen nachkommen etc.
3. Beginnen Sie mit einer kostengünstigeren Immobilie und versuchen Sie, dafür eine Finanzierung zu erhalten.
4. Finden Sie einen Bürgen (das bedeutet für die Bank zusätzliche Sicherheit).

5. Zahlen Sie eventuell vorhandene Konsumkredite ab und nehmen Sie keine neuen auf. Auch nicht für ein neues Handy oder Auto.

Bei guter Bonität können Sie Ihre Kapitalanlage-immobilie sogar ohne Eigenkapital finanzieren. Banken leihen am liebsten den Kunden Geld, die bereits viel besitzen.

Doch nicht nur Ihre Bonität ist ein Faktor, den es zu beachten gilt. Noch wichtiger ist das erste Hindernis, das es bei der Kreditaufnahme zu überwinden gilt.

Das erste Hindernis bei der Kreditaufnahme: Ich will keine Schulden machen!
Das erste Hindernis, das es zu überwinden gilt, ist geistiger Natur und betrifft Sie selbst: die Abneigung dagegen, Schulden zu machen. „Das gehört sich nicht", denken Sie vielleicht. Und damit haben Sie in gewisser Weise Recht.

Wenn man Schulden macht, borgt man sich Geld und steht in der Verpflichtung, es zurückzuzahlen. Und so sehr die Werbung einen zu verführen versucht, Schulden zu machen, um zu konsumieren, so hart gehen verschiedene Institutionen gegen jene vor, die ihre Schulden nicht in der vereinbarten Form begleichen. Man setzt sich also einem gewissen Risiko aus, wenn man sich Geld leiht. In der Antike wurden diejenigen, die ihre Schulden nicht zahlen konnten, zu Sklaven. Im Mittelalter wurden sie in den Schuldenturm gesteckt. Und auch heute sind die Folgen davon, seinen

Zahlungsversprechen nicht nachzukommen, nicht besonders angenehm.

Dabei gilt es aber zwischen Konsumkrediten und solchen, mit denen man einen Gegenwert erwirbt, zu unterscheiden. Im ersten Fall nimmt man einen Kredit auf, um sich eine Reise, einen Computer oder irgendwelche Konsumgüter zu kaufen. Im zweiten Fall ist der Kredit dazu gedacht, sich einen bleibenden, ja steigenden Wert zu sichern, wie eine Immobilie. Hier kommt wieder die Guns-and-Butter-Philosophie zum Tragen. Wenn man einen Kredit aufnimmt, um zu konsumieren, erwirbt man etwas Vergängliches und schuldet dann einen höheren Wert, als man geschaffen hat. Kauft man mit dem geliehenen Geld aber eine Immobilie, so besitzt man zu den neuen Schulden einen entsprechenden Gegenwert.

Damit die Finanzierung von Immobilieneigentum Sinn macht, müssen zwei Faktoren erfüllt sein.

Zum einen muss der Kaufpreis der finanzierten Immobilie (und damit auch die Kreditsumme) dem tatsächlichen Wert der Immobilie entsprechen. Für ein Objekt, das 100.000 Euro wert ist, 150.000 Euro zu bezahlen, ist unsinnig. Das Gleiche gilt für *Kickback*, eine Methode, die manchmal angewandt wird, um aus einer Immobilienfinanzierung freies Kapital zu gewinnen. Dabei kauft man beispielsweise eine Immobilie, die tatsächlich nur 100.000 Euro wert ist, für 150.000 Euro. Nach Abschluss des Kaufvertrags und der Finanzierung erstattet der Verkäufer dem Käufer einen Betrag in

Höhe von 50.000 Euro „für Renovierungen" oder etwas in dieser Art. Der Käufer besitzt dann 50.000 Euro freie Liquidität, eine Immobilie, die 100.000 Euro wert ist und hat 150.000 Euro Schulden. Die 50.000 Euro werden in so einem Fall oft für Konsum verbraucht, was eine Immobilie im Wert von 100.000 Euro und 150.000 Kredit zurücklässt, womit der Kreditnehmer nun Schulden gemacht hat, die über den von ihm besessenen Immobilienwert hinausgehen. Hinzu kommt, dass er sich den höheren Kredit durch Vortäuschung falscher Tatsachen von der Bank erschlichen hat, was unangenehme Konsequenzen nach sich ziehen kann.

Mit einem Kredit geht also eine gewisse Verantwortung einher. Wenn Sie sich dieser bewusst sind und ihr gerecht werden, sollten Sie keine Probleme haben, sich für den Kauf von Immobilien Geld zu leihen.

Dazu gehört auch, sich nur eine solche finanzielle Belastung aufzuerlegen, die man langfristig verkraften kann. Wenn Sie für einen Kredit über 100.000 Euro 400 Euro im Monat an die Bank zahlen müssen, dann sollte Ihr Einkommen so hoch sein, dass Sie auch dann dieser Verpflichtung nachkommen können, wenn der Mieter einmal nicht zahlt. Falls 400 Euro im Monat zu viel für Sie sind, nehmen Sie eben nur 50.000 Euro auf, für die die Kreditrate bei 200 Euro liegt.

Grundlagen zum Thema Finanzierung
Die Definition des Wortes Finanzierung lautet

durch Geld ermöglichen. In unserem Fall ermöglicht eine Finanzierung den Kauf einer Immobilie, entweder zur Eigennutzung oder als Kapitalanlageobjekt.

Grundsätzlich gilt, dass eine Finanzierung umso leichter und günstiger wird, je mehr Eigenkapital vorhanden ist. Bei entsprechender Bonität ist es möglich, eine Finanzierung ohne Eigenkapital auf die Beine zu stellen. Die dabei auftretende Belastung in Form von monatlichen Ratenzahlungen an die Bank muss für den Kreditnehmer in jedem Fall tragbar sein.

Auf dem Finanzierungsmarkt existieren sieben Anbieter, deren Konditionen Sie vergleichen sollten und die grundsätzlich für eine Finanzierung in Frage kommen:

1. *Geschäftsbanken.* Dies sind Banken wie die Sparkasse, Deutsche Bank oder Commerzbank, die neben anderen Geschäftsfeldern Geld verleihen, und zwar nicht nur für Immobilien, sondern auch Dispositions- und Konsumkredite.
2. *Hypothekenbanken.* Sie sind ausschließlich für Hausfinanzierungen zuständig. Beliehen wird ausschließlich das Haus, Grundstücke nur dann, wenn eine kurzfristige Bebauung geplant ist.
3. *Landesbanken.* Sie sind die Mutterbanken der Sparkassen.
4. *Lebensversicherungsgesellschaften.* Diese bieten gewöhnlich auch Finanzierungen für Immobilien an.
5. *Bausparkassen.* Wie Wüstenrot oder BHW. Bei

diesen muss ein großer Teil der Kreditsumme als Eigenkapital angespart werden. Der Kredit ist dann recht günstig, muss aber schnell zurückgezahlt werden, was für den Kreditnehmer zu hohen Belastungen führt.

6. *Private Gelder.* Private Gelder werden oft von großen Firmen wie Bayer Leverkusen oder Henkel an ihre Mitarbeiter verliehen.

7. *Öffentliche Baugelder.* Sie werden von Städten und Ländern gewährt und sind an strenge Bestimmungen geknüpft. Für gewisse Sanierungsprojekte (z.B. Wärmedämmung) sind Gelder der Kreditanstalt für Wiederaufbau (KfW) zu äußerst günstigen Konditionen erhältlich.

Für diese Anbieter ist von Interesse, wem sie für was wie viel Geld zu welchen Konditionen leihen sollen und wie sie es zurückerhalten. Daher durchleuchten sie zum einen die Bonität des Kreditnehmers, um sicherzustellen, dass er in der Lage ist, mit Geld umzugehen, und fähig, die monatlichen Belastungen zu tragen, und zum anderen die Immobilie, um sich zu vergewissern, dass sie als Sicherheit einen dem Kredit entsprechenden Gegenwert darstellt. Dazu benötigen sie eine Reihe von Unterlagen.

Bonität durch gute Unterlagen
Um Ihre Bonität zu prüfen, benötigt der potenzielle Kreditgeber die sogenannten *Bonitätsunterlagen.* Diese geben über Ihre finanzielle Situation Auskunft und darüber, ob Sie als Kreditnehmer in Frage kommen. All diese Unterlagen sollten sauber und ordentlich aufbereitet sein, mit dem Zweck, Sie

und Ihre finanzielle Situation in gutem Licht darzustellen. Und das nicht nur gegenüber Ihrem persönlichen Ansprechpartner bei der Bank. Der prüft Ihren Kreditantrag nämlich in der Regel nicht selbst, sondern reicht ihn an den zuständigen Sachbearbeiter weiter. Und für den sind Ihre Unterlagen und deren Inhalt die Faktoren, die darüber entscheiden, ob er einem Kreditantrag zustimmt oder ihn ablehnt.

Die Bonitätsunterlagen umfassen:
1. Gehaltsabrechnungen
2. Steuererklärung
3. Aufstellung von vorhandenem Kapital
4. Aufstellung von vorhandenen Verbindlichkeiten (Schulden, Bürgschaften)
5. Aufstellung von Immobilienbesitz
6. Aufstellung sonstigen Vermögens

In der Regel reichen bei allen Unterlagen Kopien aus. Geben Sie keine Originalunterlagen heraus.

Sie müssen darüber hinaus ein Formular ausfüllen, damit die Bank die Genehmigung hat, eine SCHUFA-Auskunft über Sie einzuholen.

Beleihungsunterlagen geben Auskunft über die Immobilie
Jedoch sind Sie selbst nur ein Faktor, den die Bank prüft. Sie will ebenfalls wissen, was Sie mit dem geliehenen Geld zu kaufen gedenken. Daher wird die Immobilie genau unter die Lupe genommen, und zwar anhand der *Beleihungsunterlagen*. Tatsächlich ist die Immobilie für die Bank ebenso

wichtig wie Ihre Bonität. Zum einen, um sicherzustellen, dass sie (im Fall eines Kapitalanlageobjekts) genug Rendite abwirft, um davon die Kreditraten zu bezahlen. Zum anderen, um im Fall einer Zwangsversteigerung einen möglichst großen Teil der Kreditsumme einzubringen.

Zu den Beleihungsunterlagen zählen:
1. Kaufvertrag (wird vom Notar erstellt, Entwurf ist schon vor der Kreditzusage erhältlich, der Kaufvertrag sollte aber erst nach Kreditzusage der Bank unterschrieben werden)
2. Grundbuchauszug (enthält Eintragungen über das Grundstück)
3. Grundrisse (der Wohnung und des Hauses)
4. Wohnflächenberechnung (Maße der einzelnen Zimmer und Gesamtfläche)
5. Kubusberechnung (umbauter Raum der Immobilie)
6. Auszug aus dem Liegenschaftsbuch (Grundstücksverzeichnis)
7. Flurkarte (Größe, Lage und Nutzung des Grundstücks)
8. Grenzbescheinigung (zeigt, ob sich das Gebäude innerhalb der rechtmäßigen Grenzen auf dem Grundstück befindet)
9. Gebäudeversicherung (Versicherung gegen Feuer-, Sturm-, Hagel- und Wasserschäden)
10. Fotos der Immobilie
11. Erschließungskostenbescheinigung (zeigt, dass die Kosten für die Erschließung, also Zuwege und Versorgungsleitungen, bezahlt wurden)
12. Wertgutachten

Sie erhalten diese Unterlagen vom Verkäufer oder dem Makler, der den Verkauf abwickelt. Je nach Objekt werden nicht alle diese Unterlagen von der Bank verlangt. Das können Sie im Detail mit dem zuständigen Sachbearbeiter klären. Manche können Sie auch nach der Kreditvergabe nachreichen.

Verschiedene Finanzierungsmodelle im Überblick

Beim Kreditantrag legen Sie fest, welches Modell Sie für die Finanzierung wählen. Das bedeutet konkret, wie der Kredit getilgt und die Zinsen gezahlt werden.

Die üblichste Form ist das *Annuitätsdarlehen*, das auch als *Tilgungsdarlehen* bezeichnet wird. Dabei wird jeden Monat der gleiche Betrag an die Bank gezahlt, wobei sich dieser aus Zinsen und Tilgung zusammensetzt. Da jeden Monat ein immer größerer Teil des Kredites getilgt wird, nimmt der Anteil der Zinszahlung ab, während der Anteil der Tilgung steigt.

Betrachten wir dies anhand eines Beispiels:

Kreditsumme:	100.000 Euro
Zinssatz:	2 Prozent
Anfangstilgung:	2,8 Prozent
Annuität:	4,8 Prozent = 4.800 Euro im Jahr
Monatliche Rate:	400 Euro

Sie müssen also jeden Monat 400 Euro an die Bank zahlen, um die Zinsen zu bedienen und zu tilgen. Dabei entwickelt sich das Verhältnis von Restschuld, Zinsen und Tilgung wie folgt:

Monat	Verbleibende Schuld	Anteil Zinsen	Anteil Tilgung
0	100.000	0	0
1	99.766,67	166,67	233,33
2	99.532,95	166,28	233,72
3	99.298,84	165,89	234,11
4	99.064,34	165,50	234,50
5	98.829,45	165,11	234,89
6	98.594,17	164,72	235,28
7	98.358,49	164,32	235,68
8	98.122,42	163,93	236,07
9	97.885,96	163,54	236,46
10	97.649,10	163,14	236,86
11	97.411,85	162,75	237,25
12	97.174,20	162,35	237,65

Während die Annuität (Zinsen plus Tilgung) jedes Jahr und somit auch anteilig jeden Monat gleich bleibt, und zwar bei 400 Euro im Monat, steigt der Anteil der Tilgung langsam aber sicher an. Die verbleibende Schuld wird also immer schneller getilgt.

In dem Begriff *Annuität* steckt das lateinische Wort *annus* – Jahr. Man muss jedes Jahr regelmäßig Zinsen und Tilgung zahlen. Dieser Betrag ändert sich nicht, obwohl die Darlehensschuld durch die Tilgung ständig geringer wird.

Die genaue Laufzeit eines Annuitätsdarlehens wird durch den Zinssatz und den anfänglichen Tilgungssatz beeinflusst.

Sie können von der finanzierenden Bank einen Ausdruck des genauen Tilgungsverlaufs erhalten.

Wie hoch der anfängliche Tilgungssatz sein sollte, ist eine Frage der persönlichen Planung und des Zinssatzes. Ich selbst wähle bei Zinsen im Bereich von 4 bis 6 Prozent gewöhnlich nur ein Prozent Tilgung, was mir mehr Liquidität für

201

Renovierungen schafft. Man kann den dadurch gewonnenen Überschuss auch sparen und als Sicherheitspolster verwenden. Wenn Sie schneller tilgen wollen, können Sie auch mit zwei Prozent Tilgung beginnen. In einer Niedrigzinsphase sollten Sie einen höheren Tilgungssatz wählen, wie im obigen Beispiel aufgezeigt.

Auch wichtig: Vereinbaren Sie mit der Bank die Möglichkeit einer Sondertilgung, was Ihnen die Freiheit lässt, zu entscheiden, ob Sie zwischendurch mehr tilgen oder nicht. Gewöhnlich ist es möglich, einmal im Jahr maximal 10 Prozent der Kreditsumme zusätzlich zu tilgen. Dafür fallen nur geringe Gebühren an.

Wichtig: Die Festschreibungszeit der Zinsen!
Neben dem Finanzierungsmodell ist die Festschreibungszeit der Zinsen ein interessantes Thema. Die anfänglichen Zinssätze gelten nämlich nicht für die gesamte Laufzeit der Finanzierung, sondern nur für einen zu Anfang festgelegten Zeitraum. Es ist üblich, die Zinsen für fünf oder zehn Jahre festzuschreiben. Bei niedrigen Zinsen sind zehn Jahre das empfohlene Minimum, mehr ist besser. Dabei gilt zu beachten, dass der Zinssatz umso höher liegt, je länger die Zinsen festgeschrieben sind.

Zu beachten ist auch, wie die Situation nach Ablauf der ersten Festschreibungszeit voraussichtlich aussieht. Angenommen, Sie haben eine günstige Finanzierung mit 4 Prozent Zinsen für zehn Jahre festgeschrieben und die Zinsen haben sich bis dahin verdoppelt. Von einer Kreditsumme in Höhe von 100.000 Euro haben Sie bis dahin vielleicht 20.000 Euro getilgt, bleiben also noch 80.000 Euro übrig. Wenn Sie dafür dann 8 Prozent Zinsen zahlen müssen, erhöht sich Ihre monatliche Belastung drastisch. Es empfiehlt sich daher, ein Reservepolster aufzubauen, um den Kredit zu diesem Zeitpunkt zu tilgen. Oder man finanziert dann, in der Hoffnung, dass die Zinsen wieder fallen, nur einen kurzen Zeitraum von ein oder zwei Jahren. Während eine derart drastische Zinssteigerung aktuell nicht abzusehen ist, sollte man die Möglichkeit nicht übersehen.

Statt einer Festschreibung kann man auch einen variablen Zins wählen, die an die Marktentwicklung angepasst werden. In Zeiten niedriger Zinsen ist diese Variante aber nicht zu empfehlen. Schreiben Sie in einer Niedrigzinsphase den Zinssatz möglichst lange fest, denn dann können Sie in den kommenden Jahren ruhig schlafen und die Tilgung Ihres Immobilienvermögens genau planen.

Schritt für Schritt zum Kredit
In der Praxis hat es sich als sinnvoll erwiesen, zuerst bei seiner Hausbank bezüglich eines Immobilienkredits vorstellig zu werden. Dort kennt man Sie und Ihre finanzielle Situation besser als bei anderen Kreditinstituten.

1. Vorgespräch mit der Hausbank führen
Lassen Sie bei Ihrer Hausbank verlauten, dass Sie daran interessiert sind, sich eine Immobilie

anzuschaffen. Der zuständige Sachbearbeiter kann Sie diesbezüglich beraten und Ihnen Auskunft über Finanzierungsmöglichkeiten, Zinssätze etc. geben. Wahrscheinlich wird er Ihnen eines der eigenen Objekte anbieten.

Dies ist nur ein Vorfühltermin, bei dem Sie in Erfahrung bringen, was die Bank für Angebote hat und mit wie viel Finanzierungsvolumen Sie in etwa rechnen können. Des Weiteren bauen Sie Kontakt zum zuständigen Sachbearbeiter auf und können auf das Gespräch Bezug nehmen, wenn es um eine konkrete Finanzierung geht.

2. Über Internetplattformen oder bei anderen Banken Vergleichsangebote einholen
Im Internet können Sie sich bei einschlägigen Plattformen über Vergleichsangebote informieren. Sie können auch die Berater verschiedener Banken aufsuchen. Dabei gibt es allerdings einen Faktor zu beachten: Wenn Sie konkrete Angebote einholen, kann es sein, dass die jeweilige Bank schon allein die Anfrage in der SCHUFA eintragen lässt. Wenn ein anderer Anbieter die SCHUFA-Auskunft einholt, sieht er, dass Sie bereits bei Konkurrenten waren, und kann den Eindruck gewinnen, dass man Ihren Kreditantrag dort abgelehnt hat. Sie sollten daher nur dort einen Kreditantrag stellen, wo Sie wirklich finanzieren wollen.

Interessant sind Finanzierungsvermittler. Das sind Dienstleister, die über einen guten Draht zu verschiedenen Banken verfügen und deren Konditionen kennen. Daher können sie die für Ihre

Zwecke passende Finanzierung heraussuchen.

Wenn Ihre Hausbank Ihnen ein gutes Angebot macht, ist das hervorragend. Ich persönlich verlasse mich generell nicht auf nur eine Bank. Da Banken in der letzten Zeit bekanntermaßen einige Schwierigkeiten hatten und darüber hinaus nach unterschiedlichen internen Vorgaben arbeiten, gehe ich lieber auf Nummer sicher und habe ein zweites Eisen im Feuer. Falls die Bank meiner Wahl die Finanzierung nicht darstellen kann, habe ich so gleich eine zweite als Reserve. Daraus mache ich gegenüber den Banken kein Geheimnis. Es geht mir dabei nicht darum, die letzten paar Euro Vorteil herauszuschinden, sondern einen Partner zu finden, mit dem ich vernünftig arbeiten kann. Wenn das die Hausbank ist, hervorragend. Wenn nicht, dann eben nicht.

3. Konkrete Finanzierungsanfrage
Wenn Sie die passende Immobilie gefunden haben, stellen Sie die Bonitäts- und Beleihungsunterlagen so vollständig wie möglich zusammen und suchen die von Ihnen ausgewählte Bank auf. Dort können Sie über eine konkrete Finanzierung sprechen und – wenn alles passt – eine Finanzierungsanfrage stellen.

4. Finanzierung abwickeln
Wenn die Finanzierung genehmigt ist, unterschreiben Sie den Kreditvertrag und den notariellen Kaufvertrag (der schon vorher vorbereitet worden sein kann). Der Notar bestellt dann die Grundschuld, die im Grundbuch der

Immobilie eingetragen wird. Ist das geschehen, gibt die Bank den Kredit frei und überweist das Geld gemäß Ihren Anweisungen entweder direkt an den Verkäufer oder an den Notar, der den Kaufvertrag abwickelt. Wenn es so im Notarvertrag vereinbart wurde (was üblich ist), werden Sie mit der vollständigen Zahlung des Kaufpreises Eigentümer der Immobilie, mit allen Lasten und Nutzen. Später werden Sie als neuer Eigentümer ins Grundbuch eingetragen – was je nach Grundbuchamt Wochen oder Monate dauern kann.

Zu diesem Zeitpunkt haben Sie die Immobilie finanziert und sind stolzer Besitzer eigenen Grundbesitzes.

Niedrige Zinsen als Lockangebote

Bei Werbung für Immobilienkredite geben Banken gewöhnlich enorm niedrige Zinsen an. Diese Zinsen gelten dann aber zumeist nur bei einer Finanzierung von 60 oder 80 Prozent des Kaufpreises einer Immobilie. Sie müssten in dem Fall die fehlenden 40 beziehungsweise 20 Prozent aus der eigenen Tasche aufbringen oder woanders finanzieren. Das ist für das in diesem Buch angegebene Konzept des Vermögensaufbaus natürlich völlig unpassend.

Der Hintergrund ist dabei folgender: Je geringer der Anteil am Kaufpreis einer Immobilie ist, den eine Bank finanziert, desto geringer ist ihr Risiko. Entsprechend ist eine 60-prozentige Finanzierung enorm preiswert. Eine 80-prozentige Finanzierung teurer. Und noch teurer ist eine 100-prozentige

Kurzübersicht:

1. Bei Immobilienkrediten sind die Zinsen niedriger als bei Konsumkrediten, weil die finanzierte Immobilie als Sicherheit dient.

2. Um sich ein Immobilienvermögen aufzubauen, muss man mit Krediten arbeiten, also Schulden machen. Das erste Hindernis, das es dabei zu überwinden gilt, ist die Abneigung, Schulden zu machen.

3. Grundsätzlich gilt, dass eine Finanzierung umso leichter und günstiger wird, je mehr Eigenkapital vorhanden ist. Bei entsprechender Bonität ist es möglich, eine Finanzierung ohne Eigenkapital auf die Beine zu stellen.

4. Die Bonitätsunterlagen umfassen:
(1) Gehaltsabrechnungen
(2) Steuererklärung
(3) Aufstellung von vorhandenem Kapital
(4) Aufstellung von vorhandenen Verbindlichkeiten
(5) Aufstellung von Immobilienbesitz
(6) Aufstellung sonstigen Vermögens
(7) SCHUFA-Auskunft

5. Zu den Beleihungsunterlagen zählen:
(1) Notarieller Kaufvertrag
(2) Grundbuchauszug
(3) Grundrisse
(4) Wohnflächenberechnung
(5) Kubusberechnung
(6) Auszug aus dem Liegenschaftsbuch

(7) Flurkarte
(8) Grenzbescheinigung
(9) Gebäudeversicherung
(10) Fotos der Immobilie
(11) Erschließungskostenbescheinigung
(12) Wertgutachten

6. In der folgenden Reihenfolge gehen Sie bei der Finanzierung vor:
(1) Vorgespräch mit der Hausbank führen
(2) Über Internetplattformen oder bei anderen Banken Vergleichsangebote einholen
(3) Konkrete Finanzierungsanfrage
(4) Finanzierung abwickeln

9. Lebensversicherung mit Sachwertunterlegung

Ich will unabhängig sein.
Und das beste Mittel für Unabhängigkeit ist Geld.
André Kostolany

Wie bereits vorher erwähnt, ist eine Kapitallebensversicherung zwar eine Methode, um Geld anzusparen, aber keine wirklich optimale. Warum das so ist und wie man eine bestehende Kapitallebensversicherung doch noch sinnvoll nutzen kann, darum geht es in diesem Kapitel.

Was genau ist eine Lebensversicherung?

Eine Lebensversicherung, auch *Kapitallebensversicherung* oder *kapitalbildende Lebensversicherung* genannt, kombiniert im Grund zwei Produkte: Einen *Sparplan* und eine *Risikolebensversicherung*. Ein Teil der monatlichen Zahlung, die Sie an die Versicherungsgesellschaft leisten, wird gespart, ein anderer für die Risikolebensversicherung abgezweigt. Wenn Sie 100 Euro zahlen, dann landen schon einmal weit weniger als 100 Euro auf Ihrem Sparkonto, da ja auch die Risikolebensversicherung bezahlt werden muss. Diese wird dann fällig, wenn Sie sterben. Tritt dieser Fall ein, erhält die begünstigte Person, z.B. Ihr Lebenspartner, eine festgelegte Summe ausgezahlt. Das kann, abhängig von Ihrer persönlichen oder familiären Situation, sinnvoll sein. Man muss sich aber in Klaren darüber sein, dass man nicht alles, was man einzahlt, spart.

Darüber hinaus geht ein Teil der Zahlungen der ersten Jahre für die Vermittlerprovision und Verwaltungskosten drauf. Also wird in dieser Zeit noch weniger angespart.

Um all diese „Verluste" auszugleichen, garantieren die Versicherungsgesellschaften ihren Kunden eine Mindestverzinsung des angesparten Kapitals. Das war in der Vergangenheit ein guter Anreiz und hat bei langfristigen Verträgen dazu geführt, dass man mehr Geld ausgezahlt bekam, als man eingezahlt hatte. Das Problem: Aktuell haben die Versicherungsgesellschaften die garantierte Mindestverzinsung aufgrund der Niedrigzinsphase erneut reduziert, so dass sich neu abgeschlossene Verträge kaum noch lohnen.

Hinzu kommt das Problem, das allen Geldwerten gemeinsam ist: die Inflation reduziert die Kaufkraft des angelegten Geldes so sehr, dass man von Verzinsung eigentlich nicht mehr sprechen kann. Tatsächlich schafft man es nur soeben, mit der Inflation Schritt zu halten.

Mein Tipp also: Schließen Sie keine Kapitallebensversicherung ab!

Aber was, wenn Sie bereits eine besitzen? Eine, in die Sie bereits seit mehreren Jahren Geld eingezahlt haben und mit der Sie vielleicht sogar Ihre Rente aufbessern wollten? Ist es sinnvoll, diese zu kündigen?

Ganz klar: Jein.

Natürlich kann man eine Kapitallebensversicherung kündigen und das so gewonnene Kapital in eine Immobilienfinanzierung stecken. Es existiert aber noch eine andere interessante Variante: Unterlegen Sie die Versicherung mit einem Sachwert!

Die sachwertunterlegte Kapitallebensversicherung

Im letzten Kapitel wurde das Annuitätendarlehen beschrieben, bei dem mehrere Jahre lang jeden Monat eine gleichbleibende Rate an die Bank gezahlt wird, ein Teil für die Zinsen und einer für die Tilgung.

Eine andere Form der Finanzierung ist beim *Festdarlehen* gegeben, das auch als *Fälligkeitsdarlehen* bezeichnet wird. Hierbei wird die Rückzahlung der kompletten Kreditsumme zu einem vorher bestimmten Zeitpunkt vereinbart. Man zahlt während der Kreditlaufzeit *nur* Zinsen, keine Tilgung. Parallel fließt ein monatlicher Beitrag in eine Kapitallebensversicherung. Am Ende der Laufzeit der Versicherung wird die Kreditsumme mit dem Erlös aus der Versicherung getilgt.

Diese Form der Finanzierung ist aus steuerlichen Gründen interessant, da die Zinsen über die gesamte Laufzeit gleich hoch bleiben und man bei Kapitalanlageimmobilien Zinszahlungen steuerlich absetzen kann, Tilgungszahlungen nicht.

Hinzu kommt, dass man der Kapitallebensversicherung durch die Immobilie einen Inflationsschutz verpasst, was eine ihrer größten Schwächen beseitigt.

Ob diese Form der Finanzierung sinnvoll ist, muss im Einzelfall geprüft werden. Eine neue Kapitallebensversicherung abzuschließen, um diese Form der Finanzierung darzustellen, ist es in der Regel nicht. Anders mag es aussehen, wenn Sie bereits über eine Kapitallebensversicherung ausreichender Höhe verfügen und schon mehrere Jahre darin eingezahlt haben.

Diese Form der Sachwertunterlegung ist unter Umständen auch bei einem Bausparvertrag möglich.

Zusammenfassung:

1. Eine Kapitallebensversicherung kombiniert im Grund zwei Produkte: Einen *Sparplan* und eine *Risikolebensversicherung.*

2. Eine neue Kapitallebensversicherung abzuschließen, empfehle ich in der Regel nicht. Es kann aber sinnvoll sein, eine existierende mit einem Sachwert, sprich einer Immobilie, zu unterlegen. Dadurch wird ihr ein Inflationsschutz verpasst, was eine ihrer größten Schwächen beseitigt.

3. Eine andere Form der Finanzierung ist beim *Festdarlehen* gegeben, das auch als *Fälligkeitsdarlehen* bezeichnet wird. Hierbei wird die Rückzahlung der kompletten Kreditsumme zu einem vorher bestimmten Zeitpunkt vereinbart. Man zahlt während der Kreditlaufzeit *nur* Zinsen, keine Tilgung.

10. Was Sie über den Notarvertrag wissen sollten

*Von Geld spricht man nicht,
man hat es.*
Sprichwort

Die Übertragung von Grundbesitz findet in der Bundesrepublik – mit Ausnahme von Zwangsversteigerungen – nur über Notare statt. Sie sind Teil der rechtlichen Struktur unseres Landes und sollen als unparteiische Personen dafür sorgen, dass sich sowohl Verkäufer als auch Käufer genau an die Einhaltung des Kaufvertrags halten.

Der Begriff Notar stammt aus dem Lateinischen und bedeutet soviel wie *Schreiber*. Im Grunde notiert er das, was die Vertragsparteien wollen, und sorgt anschließend für die ordnungsgemäße Durchführung. Er überprüft zunächst das Grundbuch der Immobilie, die Sie kaufen wollen, und erstellt einen Kaufvertragsentwurf. Dieser enthält eine Reihe von Paragraphen, die sich im Laufe der Jahre bewährt haben. Abweichungen davon sind natürlich in Einzelfällen möglich.

Noch bevor der Notartermin zur Beurkundung des Kaufvertrags stattfindet, erhalten Sie einen Entwurf des Kaufvertrags und habe ein paar Tage Zeit, diesen zu lesen und zu überprüfen. Darin enthalten sind der Name des Verkäufers, des Käufers, die genaue Bezeichnung des Grundstücks (mit der darauf befindlichen Immobilie), der Kaufpreis und verschiedene Paragraphen, die die Kaufabwicklung betreffen.

Sollten Sie keine Erfahrung mit Notarverträgen haben, empfiehlt es sich, den Vertrag von jemandem prüfen zu lassen, bevor Sie ihn unterschreiben.

Zur Beurkundung erscheinen der Verkäufer und Käufer mit gültigem Personalausweis und der Notar liest den kompletten Kaufvertrag vor. Sie können dann Fragen stellen und sich erklären lassen, was die einzelnen Paragraphen bedeuten. Da die Kosten für die Beurkundung vor allem vom Kaufpreis abhängig sind, nicht von der Zeit, die für die Beurkundung benötigt wird, sollten Sie sich nicht zurückhalten, Fragen zu stellen. Das kostet nichts extra. Darüber hinaus ist es natürlich besser, alle Unklarheiten zu beseitigen, *bevor* man den Vertrag unterschreibt. Solange der Vertrag nicht unterschrieben ist, können Änderungen vorgenommen werden, danach nicht mehr.

Fachbegriffe erklärt
Wenn eine Immobilie verkauft wird, findet eine Reihe von Aktionen statt, mit denen Sie vielleicht nicht vertraut sind, über die Sie aber Bescheid wissen sollten.

Zunächst einmal wird genau beschrieben, was verkauft wird. In der Bundesrepublik sind Häuser und Eigentumswohnungen immer fest mit einem Grundstück verbunden. Die Grundstücke sind im sogenannten *Kataster* erfasst, einem amtlichen vermessungstechnischen Verzeichnis, das unter anderem Aufschluss über die Lage, Größe und Nutzung eines Grundstücks gibt. Das Kataster wird vom Kataster- oder Vermessungsamt geführt.

Man unterteilt Grundstücke nach drei Größenordnungen. Zuerst ist die *Gemarkung* zu nennen. Das kann ein Gemeindebezirk, Stadtteil oder etwas in der Art sein. Die nächste kleinere Flächeneinheit ist die *Flur*. Innerhalb einer Gemarkung gibt es viele Flure. Jede Flur ist wiederum in viele *Flurstücke* aufgeteilt.

Diese Angaben finden Sie im Grundbuch wieder, damit klar ist, welches Grundstück genau gemeint ist.

Sie finden daher im Kaufvertrag eine Bezeichnung der folgenden Art, die die Immobilie genau kennzeichnet:

Grundbuch von Düsseldorf-Unterbilk, Gemarkung Unterbilk, Flur 3, Flurstück 61, Grundbuchblatt 15164

oder

Grundbuch von Essen, Gemarkung Essen, Flur 46, Flurstück 183, Blatt 6084

Mit *Blatt* ist ein Abschnitt des Grundbuchs gemeint. Jedes Mehrfamilienhaus hat ein Blatt. Ist ein Mehrfamilienhaus in Eigentumswohnungen aufgeteilt, erhält jede einzelne von ihnen ein Blatt.

Bevor die finanzierende Bank den Kredit freigibt, muss eine *Auflassungsvormerkung* (auch kurz als *Auflassung* bezeichnet) im Grundbuch eingetragen werden. Das ist im Grunde ein Hinweis darauf, dass der Verkäufer plant, die Immobilie zu verkaufen. Und damit auch ein Mittel, um zu verhindern, dass er versucht, die Immobilie mehrmals zu verkaufen. Ohne Auflassungsvormerkung wäre es theoretisch möglich, dass der Verkäufer gleichzeitig von verschiedenen Notaren Kaufverträge mit unterschiedlichen Käufern beurkunden und mehrere Male Geld erhalten könnte. Ist im Grundbuch aber eine Auflassungsvormerkung eingetragen, ist für jeden klar ersichtlich, dass bereits jemand den Verkauf der Immobilie abwickelt. Daher muss der Verkäufer zunächst seine Genehmigung erteilen, die Auflassungsvormerkung im Grundbuch seiner Immobilie eintragen zu lassen, dann erledigt der Notar das und teilt es der finanzierenden Bank mit, die dann den Kaufpreis wie vereinbart überweist. Nachdem der Kauf abgeschlossen wurde, veranlasst der Notar, die Auflassungsvormerkung im Grundbuch zu löschen, was auch im Notarvertrag erwähnt wird.

Wichtig ist auch der *wirtschaftliche Übergang*. Das ist der Zeitpunkt, ab dem alle Nutzen und Lasten vom Verkäufer auf den Käufer übergehen. Zu den Nutzen zählt beispielsweise das Anrecht auf die Miete, sofern das Objekt vermietet ist. Unter Lasten sind alle Verpflichtungen, wie etwa die laufenden Kosten zusammengefasst. In der Regel findet der wirtschaftliche Übergang mit Zahlung des vollständigen Kaufpreises statt. Von diesem Zeitpunkt an kann es noch einige Wochen oder Monate dauern, bis der Käufer als neuer Eigentümer im Grundbuch eingetragen wurde und vollständig über die Immobilie verfügen kann. Das hängt von der Bearbeitungszeit des zuständigen Grundbuchamtes ab.

Bevor der neue Eigentümer im Grundbuch eingetragen werden kann, muss die *Unbedenklichkeitsbescheinigung* des Finanzamts vorliegen. Als Käufer tun Sie also gut daran, die Grunderwerbsteuer zügig zu zahlen.

In der Regel wird eine Immobilie beim Verkauf *lastenfrei* übergeben. Das ist wichtig und bedeutet, dass keine Grundschulden, die der Verkäufer oder andere Voreigentümer eingetragen hatten, bestehen bleiben. Oft ist es so, dass der Verkäufer zum Kauf der Immobilie ebenfalls einen Kredit aufgenommen hatte, diesen aber noch nicht vollständig abgezahlt hat. Die Bank, die seinen Kredit finanziert hat, wird die Grundschuld, die sie im Grundbuch hat eintragen lassen, gewöhnlich erst löschen lassen, wenn der Kredit vollständig bezahlt ist. Daher wird ein Teil des Kaufpreises, den Sie zahlen, an die Bank überwiesen, die seinen Kredit finanziert hatte, der Käufer selbst erhält nur den Rest des Kaufpreises. Das funktioniert beispielsweise folgendermaßen. Der Notar nimmt Einsicht ins Grundbuch und stellt fest, dass dort eine Grundschuld in Höhe von 100.000 Euro für die ABC Bank eingetragen ist. Er teilt der ABC Bank mit, dass die Immobilie verkauft werden soll und fragt an, wie hoch der Betrag ist, der an die Bank gezahlt werden muss, bevor er die Löschung der Grundschuld beantragen kann. Die Bank schickt dem Notar eine *Löschungsbewilligung*, von der er aber nur Gebrauch machen darf, wenn die Bank eine Summe von beispielsweise 60.000 Euro erhält. Das ist die Restschuld plus Gebühren. Der Notar stellt sicher, dass die ABC Bank vom Kaufpreis die Summe von 60.000 Euro erhält und lässt dann die Grundschuld löschen. Der Verkäufer erhält vom Kaufpreis nur den Restbetrag, im Falle eines Kaufpreises in Höhe von 100.000 Euro also 40.000 Euro.

All das mag, sofern man noch nie damit zu tun hatte, kompliziert erscheinen. Im Grund ist es aber einfach und nur dazu gedacht, Betrugs-möglichkeiten im Zusammenhang mit Immobilien-handel zu unterbinden. Wenn Sie sich ein wenig mit der Materie auseinandersetzen und die Fachbegriffe klarstellen, werden Sie verstehen, worum es geht.

Eng mit der Arbeit des Notars verbunden ist das Grundbuch, zu dem an dieser Stelle auch ein paar Anmerkungen sinnvoll sind.

Das Grundbuch
Das Grundbuch ist ein Verzeichnis aller Grund-stücke in einem regionalen Gebiet. Es wird in der Regel vom Grundbuchamt geführt, einer Abteilung des Amtsgerichts. Das Grundbuch dient dazu, die genauen Rechts- und Besitzverhältnisse eines Grundstücks festzuhalten.

Immobilien sind immer nur im Zusammenhang mit

einem Grundstück verzeichnet. Die Erlaubnis zur Einsicht in das Grundbuch besitzt nur derjenige, der ein „berechtigtes Interesse" darlegen kann. Das bedeutet in der Regel, dass Sie vom Eigentümer eine schriftliche Erlaubnis benötigen, um einen Grundbuchauszug zu erhalten. Am besten lassen Sie sich den Eigentümer oder Notar darum kümmern, einen aktuellen Auszug zu besorgen.

Die Grundbucheintragung einer Immobilie ist in mehrere Abschnitte unterteilt, und zwar wie folgt:

Abteilung I
Hier sind die Eigentumsverhältnisse eingetragen. Dabei kann es sich um einen Eigentümer handeln, dem das Grundstück (und somit auch die damit verbundene Immobilie) vollständig gehört, es ist aber auch möglich, dass mehrere Personen Eigentümer sind. Wenn Sie verheiratet sind und die Immobilie zusammen mit Ihrem Ehepartner kaufen, kann z.B. jeder von Ihnen als Eigentümer einer Hälfte des Grundstücks eingetragen werden. Ebenso kann eine aus mehreren Personen bestehende Erbengemeinschaft als Eigentümer eingetragen sein.

Abteilung II
Hier sind mit dem Grundstück verbundene Lasten und Beschränkungen aufgeführt. Dazu zählen Nutzungsrechte, wie z.B. das Wegerecht, das der Eigentümer eines Nachbargrundstücks hat, wenn er nur über die auf Ihrem Grundstück gelegene Einfahrt auf sein Grundstück gelangen kann. Es können auch Rechte für Versorger eingetragen sein,

auf dem Grundstück unter der Erde Versorgungsleitungen zu legen oder zu betreiben. Diese Rechte
werden gewöhnlich übernommen, wenn Sie eine
Immobilie kaufen.

Abteilung III
Hypotheken, Grundschulden und Rentenschulden
sind in dieser Abteilung verzeichnet. Wenn Sie von
der Bank einen Kredit für den Kauf der Immobilie
erhalten, wird eine entsprechende Grundschuld in
Abteilung III des Grundbuches eingetragen. Diese
Eintragung bleibt bestehen, bis Sie den Kredit
vollständig beglichen haben. Zu diesem Zeitpunkt
erhalten Sie von der Bank eine Löschungsbewilligung und können damit über einen Notar die
Grundschuld aus dem Grundbuch streichen lassen.

Falls Sie von mehreren Quellen Kredite aufnehmen
und damit das Grundstück belasten, werden
verschiedene Grundschulden in das Grundbuch
eingetragen, und das mit verschiedenen Rängen
(erstrangige Grundschuld, zweitrangige Grundschuld etc.). Im Fall einer Zwangsversteigerung
werden die Gläubiger in der Reihenfolge dieser
Ränge befriedigt, weshalb eine erstrangige
Grundschuld für einen Gläubiger natürlich
attraktiver ist als eine zweitrangige.

Wenn Sie eine Immobilie erworben haben und als
Eigentümer im Grundbuch eingetragen wurden,
erhalten Sie vom Grundbuchamt automatisch einen
Grundbuchauszug zugeschickt. Den sollten Sie zu
Ihren Akten legen und aufbewahren.

Zusammenfassung:

1. Die Übertragung von Grundbesitz findet in der Bundesrepublik – mit Ausnahme von Zwangs-versteigerungen – nur über Notare statt.

2. In der Bundesrepublik sind Häuser und Eigentumswohnungen immer fest mit einem Grundstück verbunden. Grundstücke werden dabei wie folgt unterteilt: Zuerst kommt die *Gemarkung*. Das kann ein Gemeindebezirk, Stadtteil oder etwas in der Art sein. Die nächste kleinere Flächeneinheit ist die *Flur*. Innerhalb einer Gemarkung gibt es viele Flure. Jede Flur ist wiederum in viele *Flurstücke* aufgeteilt.

3. Eine *Auflassungsvormerkung* (auch kurz als *Auflassung* bezeichnet) ist im Grunde ein Hinweis darauf, dass der Verkäufer plant, die Immobilie zu verkaufen. Und damit auch ein Mittel, um zu verhindern, dass er versucht, die Immobilie mehr-mals zu verkaufen.

4. Der *wirtschaftliche Übergang* ist der Zeitpunkt, ab dem alle Nutzen und Lasten vom Verkäufer auf den Käufer übergehen.

5. Bevor der neue Eigentümer im Grundbuch eingetragen werden kann, muss die *Unbedenklichkeitsbescheinigung* des Finanzamts vorliegen.

6. In der Regel wird eine Immobilie beim Verkauf *lastenfrei* übergeben. Das ist wichtig und bedeutet,

dass keine Grundschulden, die der Verkäufer oder andere Voreigentümer eingetragen hatten, bestehen bleiben.

7. Das Grundbuch ist ein Verzeichnis aller Grundstücke in einem regionalen Gebiet. Es wird in der Regel vom Grundbuchamt geführt, einer Abteilung des Amtsgerichts.

III. Experten-Tipps

1. Selbstanalyse: Welcher Anlegertyp sind Sie?

Wenn man genug Geld hat,
stellt sich der gute Ruf ganz von selbst ein.
Erich Kästner

Wenn es um Anlagen geht, egal ob in Form von Geld- oder Sachwerten, existieren viele verschiedene Arten, wie man dies in Angriff nehmen kann. Dabei spielen Faktoren wie Persönlichkeit, aber auch das Alter eine Rolle. Und natürlich der Vermögensstand.

Ich will hier einige Anlegertypen aufzeigen, damit Sie sich selbst besser einordnen können. Das ist wichtig. Wie heißt es in dem rund 3.000 Jahre alten Buch *Die Kunst des Krieges* so schön: „Wenn du deinen Feind kennst und dich selbst kennst, brauchst du das Ergebnis von 100 Schlachten nicht zu fürchten."

Anders herum heißt es in dem alten chinesischen Klassiker aber auch: „Wenn du dich selbst kennst, doch nicht den Feind, wirst du für jeden Sieg, den du erringst, eine Niederlage erleiden. Wenn du weder den Feind noch dich selbst kennst, wirst du in jeder Schlacht unterliegen."

Natürlich ziehen Sie nicht wirklich in die Schlacht, wenn Sie sich ein Immobilienvermögen aufbauen. Dennoch können Sie gewinnen und verlieren und natürlich auch auf „Feinde" in Form von Gegenspielern, unzufriedenen Mietern und dergleichen stoßen.

Die verschiedenen Anlegertypen
Zunächst ist der Anleger zu nennen, der auf *Sicherheit* bedacht ist. Er will seine Vermögenssubstanz erhalten, die Sicherheit steht im Vordergrund. Entsprechend setzt er auf solide Erträge ohne Kursschwankungen. Sein Vermögen ist zumindest teilweise langfristig investiert und wird keinen Risiken ausgesetzt.

Der *konservative* Anleger will Substanzerhaltung mit Wertsteigerung und guten Erträgen, zieht auch Veräußerungsgewinne in Betracht, wenn er zum Beispiel einen Teil seines Immobilienvermögens verkauft. Er will aber keine Kursrisiken eingehen und hält Abstand zu Anlageformen, bei denen Zinsschwankungen möglich sind.

Etwa anders geht der *flexible* Anleger vor. Auch er investiert in sichere, konservative Anlageformen, aber nur mit etwa Dreiviertel seines Vermögens. Das restliche Viertel investiert er in Anlagen mit hohen Ertragserwartungen, bei denen Zins- und Kursschwankungen üblich sind.

Der *dynamische* Anleger geht noch einen Schritt weiter. Er investiert etwa die Hälfte seines Vermögens in Anlagen mit hohen Ertragserwartungen und entsprechend hohem Risiko. Die andere Hälfte legt er konservativ und sicher an.

Mit hohem Risiko lebt der *spekulativ* orientierte Anleger. Er hofft durch den Einsatz von spekulativen Finanzinstrumenten auf hohe Erträge, geht damit aber gleichermaßen ein hohes Risiko ein. Dafür setzt er rund 20 Prozent seines Vermögens ein. Die restlichen 80 Prozent in Fonds. Wenn er auf mehr Sicherheit bedacht ist, wird das gesamte Vermögen mit Sachwerten unterlegt.

Und? Wie würden Sie sich einschätzen?

Zusammenfassung:

1. Es ist beim Thema Geldanlage hilfreich, sich selbst einschätzen zu können.

2. Denken Sie an *Die Kunst des Krieges*, wo geschrieben steht: „Wenn du deinen Feind kennst und dich selbst kennst, brauchst du das Ergebnis von 100 Schlachten nicht zu fürchten. Wenn du dich selbst kennst, doch nicht den Feind, wirst du für jeden Sieg, den du erringst, eine Niederlage erleiden. Wenn du weder den Feind noch dich selbst kennst, wirst du in jeder Schlacht unterliegen."

2. Schnäppchen durch Zwangsversteigerungen

Wer das Geld bringt,
kann die Ware nach seinem Sinne verlangen.
Johann Wolfgang von Goethe

Eine interessante Möglichkeit, günstig an Immobilien zu gelangen, stellen Zwangsversteigerungen dar. Dabei werden Immobilien vom zuständigen Amtsgericht versteigert, und das aus verschiedenen Gründen.

Üblich ist, dass eine Immobilie dann zwangsversteigert wird, wenn der Eigentümer seiner Verpflichtung, die Kreditraten zu zahlen, längere Zeit nicht nachgekommen ist. In diesem Fall ist die Bank die betreibende Gläubigerin, also diejenige juristische Person, die die Zwangsversteigerung beantragt und durchführen lässt.

Es besteht darüber hinaus die Möglichkeit, dass andere Gläubiger eine Zwangsversteigerung erwirken können. Das ist beispielsweise der Fall, wenn der Eigentümer die Grundsteuer nicht zahlt und andere Möglichkeiten, den Betrag zu vollstrecken, nicht gefruchtet haben.

Zu guter Letzt wäre die Zwangsversteigerung zur Aufhebung der Gemeinschaft zu nennen. Das ist der Fall, wenn sich mehrere Eigentümer einer Immobilie (z.B. ein Ehepaar oder eine Erbengemeinschaft) nicht einigen können, was mit der

Immobilie geschehen soll. Das kommt seltener vor, aber ab und an trifft man auf eine solche Situation.

Informationen über Zwangsversteigerungen
Beim Amtsgericht einer Stadt oder eines Bezirks kann man sich über bevorstehende Versteigerungstermine informieren. Noch einfacher geht es über *www.zvg-portal.de,* dem Portal, über das die Amtsgerichte die Termine im Internet veröffentlichen. Man wählt zuerst das Bundesland, dann das zuständige Amtsgericht und erhält eine Liste der anstehenden Termine, gewöhnlich mehrere Monate im Voraus. Falls die Region, in der Sie Immobilien suchen, nicht aufgeführt ist, müssen Sie herausfinden, welches Amtsgericht für die Region zuständig ist.

Auf dem Portal erhalten Sie neben dem genauen Termin und dem Aktenzeichen des Versteigerungsverfahrens wichtige Informationen über das zu versteigernde Objekt:
- Adresse
- Verkehrswert
- Größe
- weitere Hinweise

Einige Amtsgerichte bieten auch Fotos und Gutachten zum Herunterladen an. Das ist vorteilhaft, weil man sich so ein genaues Bild der Immobilie machen kann. Sollte dies nicht der Fall sein, können Sie die Gutachten im Amtsgericht persönlich einsehen. Oft ist es möglich, von der betreibenden Gläubigerin, sofern es sich um eine Bank handelt, eine Kopie des Gutachtens oder ein

Exposé zu erhalten. Falls die Bank einen Makler eingeschaltet hat, ist er der Ansprechpartner.

Selbst wenn Sie ein komplettes Gutachten erhalten, sollten Sie nicht darauf verzichten, die Immobilie persönlich in Augenschein zu nehmen. Zwar ist es nur selten möglich, eine Wohnung zu betreten, aber man kann sich die Umgebung und das Haus von außen anschauen, teilweise auch das Treppenhaus. Auf diese Weise bekommt man eine gewisse Vorstellung davon, wie es in der Wohnung wahrscheinlich aussehen wird. Natürlich bleibt ein gewisses Risiko, meiner Erfahrung nach hält es sich aber in Grenzen.

Ein paar Worte zum Thema Gutachten
Wenn eine Immobilie versteigert werden soll, beauftragt das zuständige Amtsgericht in der Regel einen Architekten oder Bauingenieur damit, ein Verkehrswertgutachten zu erstellen. Das ist nötig, um den Wert der Immobilie zu bestimmen. Der Rechtspfleger, der sich um die Versteigerung kümmert, benötigt diesen Wert als Grundlage für das Verfahren und die Berechnung der anfallenden Kosten.

Gutachten enthalten eine Menge Informationen. Diese sind bezogen auf den *Stichtag*, für den das Gutachten gilt. Zieht sich ein Versteigerungs- verfahren über Jahre hin, können einige der Informationen, etwa über Mieter, veraltet sein. Das ist ein weiterer Grund, eine Immobilie zu besichtigen, bevor man sie ersteigert.

Im Gutachten werden gewöhnlich eine Menge *Referenzen* angegeben, auf die sich der Gutachter bezieht. Diese sind gewöhnlich von geringem Interesse für Sie und nur wichtig, wenn Sie weiter in die Materie einsteigen wollen.

Das Gutachten enthält gewöhnlich eine *Grundstücksbeschreibung*. Neben Größe und Lage können hier auch Informationen über Versorgungsleitungen und Altlasten angegeben sein. Gewöhnlich weist der Gutachter aber darauf hin, dass keine Bodenanalyse vorgenommen wurde, weil dazu kein Auftrag vorlag. Er erwähnt aber gewöhnlich, ob ein Verdacht auf Altlasten vorliegt oder nicht. Das ist vor allem dann von Interesse, wenn Sie auf dem Grundstück zu bauen gedenken, was bei Eigentumswohnungen nicht der Fall ist.

Die *Baubeschreibung* sagt Ihnen etwas über die Konstruktion des Gebäudes, ob es Holz- oder Betondecken hat etc. Auch die Ausstattung des Gebäudes und der Wohnung kann aufgeführt sein.

Fotos zeigen die Immobilie innen und außen. Manchmal hat ein Gutachter eine Wohnung nicht von innen besichtigen können, weil ihm der Eigentümer den Zutritt verwehrt hat oder nicht anwesend war. Das steht im Gutachten. In diesem Fall beruhen einige der Aussagen auf Annahmen. Die können richtig sein oder auch nicht.

Von zentralem Interesse ist die *Wertermittlung*. Dabei werden vom Gutachter verschiedene Verfahren angewandt, um letztlich den

Verkehrswert, also den Wert, zu dem man die Immobilie am Markt verkaufen kann, zu ermitteln.

Beim *Ertragswertverfahren* ist der Ertrag, den die Immobilie voraussichtlich erwirtschaften wird, die Grundlage für die Berechnung. Genauer gesagt die nachhaltig erzielbare Kaltmiete oder Grundmiete, also die Miete ohne Nebenkosten. Dabei gehen manche Gutachter von der Miete aus, die laut Mietvertrag gezahlt wird, andere beziehen sich auf den ortsüblichen Mietspiegel. Die monatliche Grundmiete wird aufs Jahr hochgerechnet und dann je nach Lage mit einem Faktor multipliziert, was den Ertragswert ergibt. Nehmen wir an, die Wohnung ist 100 Quadratmeter groß, die Kaltmiete liegt bei 5 Euro je Quadratmeter. Das ergibt eine monatliche Kaltmiete von 500 Euro. Im Jahr sind das 6.000 Euro, multipliziert mit 15 ergibt das einen Ertragswert von 90.000 Euro.

Beim *Sachwertverfahren* wird neben dem Grundstückswert der Wert des Gebäudes ermittelt. Bei letztgenannten fließen Faktoren wie Baukosten (basierend auf Tabellen der schon an früherer Stelle erwähnten *Normalherstellungskosten*) und Alter der Immobilie in die Berechnung ein. Grundstückswert und Gebäudewert zusammen ergeben den Sachwert.

Das *Vergleichswertverfahren* nimmt auf die Kaufpreise ähnlicher Immobilien in vergleichbarer Lage Bezug. Als Basis dient hier beispielsweise der bereits früher im Buch erwähnte Grundstücksmarktbericht des Gutachterausschusses der Region.

Der Gutachter wählt einige dieser Wertermittlungsverfahren aus und ermittelt daraus den Verkehrswert. Das ist der Wert, mit dem das Amtsgericht arbeitet. In der Praxis fallen Verkehrswerte manchmal zu niedrig und manchmal zu hoch aus. Wenn die Immobilienpreise beispielsweise schnell fallen oder steigen, brauchen Gutachter gewöhnlich einige Zeit, um dieser Entwicklung Rechnung zu tragen. Dennoch ist der Verkehrswert auch für Sie ein guter Anhaltspunkt.

Die Vorbereitung des Versteigerungstermins
Grundsätzlich empfehle ich jedem, der noch nie etwas ersteigert hat, an mehreren Versteigerungsterminen teilzunehmen, um hautnah zu erleben, was dort geschieht, bevor er selbst als Bieter aktiv wird. Da es sich um eine öffentliche Sitzung handelt, kann grundsätzlich jeder teilnehmen, egal, ob er kaufen will oder nicht.

Planen Sie dann, eine Immobilie zu ersteigern, macht es Sinn, mit der Gläubigerbank zu reden und „vorzufühlen". Auf diese Weise können Sie erfahren, wie es um die Immobilie bestellt ist, ob eine besondere Situation vorliegt und, ganz wichtig, für welchen Betrag die Bank bereit wäre, die Immobilie abzugeben. Manchmal kann man die Immobilie im Termin auch günstiger bekommen, das hängt davon ab, welche Vorgaben der Bankvertreter im Termin hat.

Wichtig ist die *Sicherheitsleistung*. Das ist eine Summe in Höhe von 10 Prozent des Verkehrswerts, die man als Bieter auf Verlangen der betreibenden Gläubigerin vorlegen muss, um ein gültiges Gebot abzugeben. Bei einem Verkehrwert von 100.000 Euro muss man also 10.000 Euro mitbringen. Das konnte vor einigen Jahren noch mit Bargeld geschehen, aber seitdem jemand die Sicherheitsleistungen eines Versteigerungstermins geraubt hat, ist Bargeld nicht mehr zugelassen. Heute haben Sie drei Möglichkeiten, die Sicherheitsleistung zu hinterlegen:

1. Durch einen Landeszentralbankscheck. Einen LZB-Scheck erhalten Sie von Ihrer Hausbank, die Sie ein paar Tage vorher darüber informieren müssen, wann Sie ihn brauchen und über welchen Betrag. Dafür fallen Gebühren an.

2. Eine Überweisung auf ein Konto der Gerichtskasse mit dem entsprechenden Aktenzeichen. Wichtig ist, dass der Betrag angekommen und der Rechtspfleger bis zum Termin darüber informiert sein muss. Hinzu kommt, dass das Gericht gewöhnlich einige Zeit braucht, um das Geld auf Ihr Konto zurück zu überweisen, falls Sie den Zuschlag nicht erhalten.

3. Eine Bankbürgschaft

Die betreibende Gläubigerin muss keine Sicherheitsleistung verlangen. Wenn Sie vorher geklärt haben, dass Sie zahlungskräftig sind, kommen Sie vielleicht auch ohne aus. Oder falls Sie der einzige Bieter sind. Es ist aber immer besser, die Sicherheitsleistung dabei zu haben, weil man nie genau weiß, was im Termin passiert. Bieter mit Sicherheitsleistung werden von Banken gewöhnlich bevorzugt, Gebote ohne in der Regel nicht akzeptiert.

Neben der Sicherheitsleistung ist ein gültiger Personalausweis wichtig.

Falls Sie für jemand andere bieten, wie Ihren Lebenspartner, und der nicht beim Termin ist, benötigen Sie eine notarielle Bietervollmacht, um für ihn mitbieten zu können.

Wollen Sie eine Immobilie zusammen mit jemand anderem ersteigern, sind von Ihnen beiden Personalausweise mitzubringen. Sie geben dann bei Abgabe des Gebotes an, dass Sie beide zusammen bieten.

Es ist soweit: Der Versteigerungstermin ist da!
Wenn der große Tag gekommen ist, heißt es pünktlich zum Termin zu erscheinen und Ruhe zu bewahren. Meiner Erfahrung nach kann im Versteigerungstermin alles Mögliche passieren. Trotzdem sollte man gelassen bleiben und sich entsprechend der gegebenen Situation verhalten.

Was Sie wollen ist, eine günstige Immobilie ersteigern. Entsprechend sollten Sie sich ein Limit setzen, damit Sie nicht zu viel bieten. Manche Zwangsversteigerungsimmobilien werden teurer versteigert als eine vergleichbare Immobilie, die auf dem freien Markt angeboten wird. Davon sollte man natürlich Abstand nehmen. Lassen Sie sich nicht mitreißen, bleiben Sie cool und seien Sie nicht enttäuscht, wenn Sie überboten werden. Man kann nicht jedes Mal der Höchstbietende sein. Warten Sie auf eine Chance und ergreifen Sie sie.

Zu Beginn des Termins legt der Rechtspfleger dar, was versteigert wird. Er macht einige Ausführungen zur Immobilie. Falls Sie Fragen haben, wird er die, soweit möglich, beantworten. Es wird aber generell lieber gesehen, wenn Fragen während der anschließenden Bietzeit gestellt werden.

Der Rechtspfleger liest gewöhnlich den Grundbuchauszug der Immobilie vor. Dabei werden auch vorhandene Grundschulden erwähnt. Diese fallen durch die Zwangsversteigerung meistens weg, aber nicht immer. Klären Sie, falls er nicht darauf eingeht, dass Sie die Immobilie im Fall der Ersteigerung frei von jeglichen Grundschulden übernehmen. Als Anfänger sollten Sie kein Objekt mit bestehen bleibenden Grundschulden ersteigern. Das können Sie machen, wenn Sie sich mit der Materie besser auskennen und die Auswirkungen davon besser einschätzen können.

Beim Termin sind gewöhnlich ein Vertreter der das Versteigerungsverfahren betreibenden Bank und andere beteiligte Personen anwesend. Dazu zählt beispielsweise der Hausverwalter des Gebäudes, wenn Hausgeldrückstände bestehen.

In der Praxis sind die Eigentümer von Zwangsversteigerungsobjekten selten anwesend. Das ist gut so, denn sie sind meist nicht darüber erfreut, dass sie in eine finanzielle Schieflage geraten sind.

Sollte es sich jedoch um ein Verfahren zur Aufhebung der Gemeinschaft handeln, sind entweder die Eigentümer oder rechtliche Vertreter beim Termin anwesend.

Sie tun gut daran zu wissen, wer im Saal eine beteiligte Person ist, um eventuell Absprachen zu treffen.

Wenn der Rechtspfleger dargelegt hat, was versteigert wird, geht er gewöhnlich auf die *Grenzen* ein. Damit hat es Folgendes auf sich: Im ersten Termin muss ein Gebot von mindestens 50 Prozent vorliegen, sonst kann der Rechtspfleger den Zuschlag nicht erteilen und wird einen weiteren Termin festlegen. Bei diesem Folgetermin gilt diese Grenze nicht mehr, man kann die Immobilie also beispielsweise für 35 Prozent des Verkehrswerts ersteigern. Diese Regelung soll in erster Linie den Gläubiger davor schützen, dass sein Besitz verschleudert wird.

Wird beim ersten Termin überhaupt kein Gebot abgegeben, bleibt die 50-Prozent-Grenze bestehen. Sie wird auch als Fünf/Zehntel-Grenze bezeichnet.

Darüber hinaus existiert die Sieben/Zehntel-Grenze. Liegt das Höchstgebot eines Versteigerungstermins unter 70 Prozent, kann die betreibende Gläubigerin den Zuschlag versagen, was bedeutet, dass es einen weiteren Versteigerungstermin geben wird.

Es ist also möglich, dass man zwar Höchstbietender ist, aber trotzdem keinen Zuschlag erhält, sprich nicht Eigentümer der Immobilie wird. Daher ist es absolut wichtig, mit dem Vertreter der Bank zu reden und herauszufinden, was er will. Manchmal bluffen Banker und geben sich auch mit etwas weniger als dem zufrieden, was sie verlangt haben, manchmal auch nicht. Letztlich kommt es darauf an, wer genau zum Termin erscheint. Oft schicken Banken Rechtsanwälte, die genau vorgegebene Regeln einhalten müssen. Besser ist man dran, wenn man es mit einem Bankvertreter zu tun hat, der über eine gewisse Prokura verfügt und mit dem man verhandeln kann.

Letztlich ist es so, dass die betreibende Gläubigerin das Zwangsversteigerungsverfahren *jederzeit* einstellen kann, selbst, wenn mehr als 70 Prozent des Verkehrswerts geboten werden. Mit der Bank abzuklären, was verlangt wird, ist also wichtig. Es ist schon vorgekommen, dass sich mehrere Bieter auf abenteuerliche Weise gegenseitig überboten haben, am Ende jemand mit 68 Prozent des Verkehrswerts Höchstbietender war und die Bank den Zuschlag versagt hat.

Hat der Rechtspfleger alle Details über das Versteigerungsobjekt und die Grenzen dargelegt, eröffnet er die Bietzeit. Diese dauert mindestens 30 Minuten oder bis keine weiteren Gebote abgegeben werden. Ist das der Fall, teilt der Rechtspfleger mit, wer der Höchstbietende war. Dann klärt er mit dem Vertreter der betreibenden Gläubigerin ab, wie weiter zu verfahren sei. Liegt das Gebot über den gesetzlichen Grenzen und ist es auch für den Gläubigervertreter ausreichend, wird der Zuschlag erteilt. Damit ist der Höchstbietende sofort Eigentümer der Immobilie, mit allen Nutzen und Lasten. Er erhält ein paar Tage später den Zuschlagsbeschluss, der das schriftlich bestätigt und angibt, wie viel Geld noch zu zahlen ist, um das Gebot zu bezahlen.

Wird der Zuschlag versagt, bedeutet das, dass die Immobilie bei diesem Termin nicht versteigert wird und der Höchstbietende nicht der neue Eigentümer wird.

Die verschiedenen Szenarios im Überblick
Bei Versteigerungsterminen kann alles Mögliche passieren. Ich habe schon an Dutzenden, nein Hunderten von Terminen teilgenommen und selbst ich werde zuweilen noch überrascht. Es existieren einige Hauptszenarios, auf die ich näher eingehen möchte.

Ideal ist das Szenario, wenn Sie *der einzige Anwesende* sind. Das bedeutet, dass weder ein Interessent noch ein anderer Bieter im Raum ist. Diese Situation ist natürlich ideal. Dann können Sie mit dem Gläubigervertreter verhandeln und den Preis ein wenig drücken. Falls seine Prokura nicht ausreicht, um mit dem Preis so weit herunterzugehen, wie Sie wollen, kann er vielleicht jemanden anrufen, der das kann. Auf jeden Fall befinden Sie sich in einer absolut wünschenswerten Situation.

Positiv ist es auch, wenn Sie *der einzige Bieter* sind. Oft nehmen mehrere Personen an einem

Termin teil, geben aber keine Gebote ab. Das weiß man natürlich erst, wenn die Bietzeit vorbei ist. Sie können natürlich fragen, wer von den Anwesenden bieten will. Damit kann man die Situation meist klären und dem Gläubigervertreter klar machen, dass man der einzige Bieter ist und in die Preisverhandlung einsteigen.

Ab und zu kommt fünf Minuten vor Ende der Bietzeit jemand in den Saal und bietet mit. Dann befindet man sich im nächsten Szenario.

Üblicherweise gibt es *mehrere Bieter*. Das ist die Situation, die sich der Gläubigervertreter wünscht. Für Sie ist das natürlich nicht ideal, weil Sie unter Umständen in einen Wettstreit mit den anderen treten müssen. Hier heißt es einen klaren Kopf zu behalten und entsprechend dem, was passiert, zu agieren. Wenn Sie Glück haben, bietet niemand so viel wie Sie. Es kann aber auch sein, dass sich die Anwesenden wie verrückt überbieten. Steigen Sie aus, wenn Ihr Limit überschritten wurde.

Erfahrungsgemäß müssen Sie an mehreren Terminen teilnehmen, um eine Immobilie zu ersteigern. Das hängt neben den Immobilien selbst auch von der Lage ab. In Düsseldorf zum Beispiel sind die Versteigerungstermine gewöhnlich überfüllt. Dennoch kann man ab und zu ein Schnäppchen ergattern. Bei anderen Amtsgerichten ist es zuweilen so, dass wenig Nachfrage besteht. Finden Sie einfach heraus, wie es in den Gegenden, in denen Sie kaufen wollen, aussieht.

Sobald Sie den Zuschlag erhalten, sind Sie Eigentümer der versteigerten Immobilie. Sogar noch, bevor Sie sie komplett bezahlt haben. Sie haben bis zum Verteilungstermin Zeit, den gesamten Preis zu zahlen. Dieser wird vom Rechtspfleger bestimmt und liegt je nach Situation sechs bis zwölf Wochen nach dem Versteigerungstermin. Zuweilen stimmt der Rechtspfleger den Termin auch mit Ihnen ab.

Neben dem Bietpreis fallen bei einer Zwangsversteigerung folgende Kosten an:
- Grunderwerbsteuer
- Gebühr für Zuschlagserteilung
- Zinsen vom Zeitpunkt der Zuschlagserteilung bis zum Verteilungstermin
- Gebühr für Eintragung als Eigentümer

Sollten Sie die Immobilie über einen Kredit finanzieren, kommen, wie bei jeder anderen Finanzierung auch, noch folgende Kosten hinzu:
- Gebühr für Eintragung der Grundschuld
- Notarkosten für Eintragung der Grundschuld (Grundschuldbestellung)

Insgesamt sind die Kaufnebenkosten beim Erwerb über eine Zwangsversteigerung geringer als beim klassischen Erwerb über einen Notar mit Kaufvertrag.

Zwangsversteigerungen von Immobilien sind eine interessante Möglichkeit, relativ günstig an Immobilieneigentum zu kommen. Man bekommt nichts geschenkt, und eine Versteigerung ist immer für Überraschungen gut. Es gibt dabei keine Garantien und man kann nichts reklamieren. Dennoch sollten Sie diese Möglichkeit der Objektbeschaffung in Betracht ziehen.

Zusammenfassung:

1. Beim Amtsgericht einer Stadt oder eines Bezirks kann man sich über bevorstehende Versteigerungstermine informieren. Noch einfacher geht es über *www.zvg-portal.de.*

2. Selbst wenn Sie ein komplettes Gutachten erhalten, sollten Sie nicht darauf verzichten, die Immobilie persönlich in Augenschein zu nehmen.

3. Es ist der Verkehrswert, mit dem das Amtsgericht arbeitet. In der Praxis fallen Verkehrswerte manchmal zu niedrig und manchmal zu hoch aus. Wenn die Immobilienpreise beispielsweise schnell fallen oder steigen, brauchen Gutachter gewöhnlich einige Zeit, um dieser Entwicklung Rechnung zu tragen. Dennoch ist der Verkehrswert auch für Sie ein guter Anhaltspunkt.

4. Grundsätzlich empfehle ich jedem, der noch nie etwas ersteigert hat, an mehreren Versteigerungsterminen teilzunehmen, um hautnah zu erleben, was dort geschieht, bevor er selbst als Bieter aktiv wird. Da es sich um eine öffentliche Sitzung handelt, kann grundsätzlich jeder teilnehmen, egal, ob er kaufen will oder nicht.

5. Bieter mit Sicherheitsleistung werden von Banken gewöhnlich bevorzugt, Gebote ohne in der Regel nicht akzeptiert. Bringen Sie zum Termin die Sicherheitsleistung und einen gültigen Personalausweis mit.

6. Setzten Sie sich ein Limit, damit Sie nicht zu viel bieten. Lassen Sie sich nicht mitreißen, bleiben Sie cool und seien Sie nicht enttäuscht, wenn Sie überboten werden. Man kann nicht jedes Mal der Höchstbietende sein. Warten Sie auf eine Chance und ergreifen Sie sie.

7. Es ist so, dass die bestreibende Gläubigerin das Zwangsversteigerungsverfahren *jederzeit* einstellen kann, selbst wenn mehr als 70 Prozent des Verkehrswerts geboten werden. Mit der Bank abzuklären, was verlangt wird, ist also wichtig.

8. Sobald Sie den Zuschlag erhalten, sind Sie Eigentümer der versteigerten Immobilie. Sie haben bis zum Verteilungstermin Zeit, den gesamten Preis zu zahlen.

3. Mehr zum Thema Erfolg

Der Langsamste,
der sein Ziel nicht aus den Augen verliert,
geht immer noch schneller als der,
der ohne Ziel herumirrt.
Gotthold Ephraim Lessing

Ich habe das Thema bereits am Anfang des Buches angesprochen, aber weil es derart wichtig ist, will ich es an dieser Stelle, wiederholen: *Zielsetzung*! Sie müssen eine <u>klare</u> Zielsetzung haben! Müssen wissen, was genau Sie erreichen möchten. Das gilt sowohl für Ihre materiellen wie auch Ihre ideellen Ziele.

Das, was Sie bisher in diesem Buch gelesen haben, hat Ihren Gesichtspunkt zum Thema Geldwerte und Sachwerte vielleicht ein wenig verändert. Möglicherweise hat es auch eine ziemlich große Veränderung hervorgerufen. Grund genug, Ihre anfänglichen Ziele noch einmal genau zu betrachten. Entsprechen diese wirklich dem, was Sie wollen? Bei Ihren ideellen Zielen hat sich wahrscheinlich nicht viel geändert. Aber wie sieht es mit Ihren materiellen Zielen aus? Sind diese gleich geblieben? Oder ist dabei eine gewisse Anpassung nötig geworden?

Worauf will ich damit hinaus?

Geldwerte im Vergleich zu Sachwerten. Dazu haben Sie nun einiges gelesen. Wie hat das Ihre Einstellung zu diesen beiden Themen verändert?

Und wie denken Sie jetzt, in diesem Augenblick, über das Verhältnis dieser beiden Arten von Werten?

Ich hoffe, ich konnte Ihnen nahe bringen, dass es weitaus lohnender und sicherer ist, in Sachwerte zu investieren statt in Geldwerte, wenn man die Ratschläge aus diesem Buch anwendet. Gut vermietete Immobilien bieten hohe Rendite und Inflationssicherheit. Durch den Einsatz des Geldes anderer Leute (Bank, Mieter, Finanzamt) weisen sie eine enorme Hebelwirkung auf. Haben Sie das bei Ihren finanziellen Zielen berücksichtigt?

Tatsächlich sind die Ziele, die man sich setzt, nicht immer optimal gewählt. Dinge ändern sich. Das Wissen, das man hat, ändert sich. Entsprechend muss man seine Ziele immer wieder betrachten und neu einschätzen. Und das nicht nur einmal.

Wenn Sie mit Immobilien erfolgreich sein wollen, müssen Sie wie bei einem Marathon vorgehen, nicht wie bei einem Sprint von wenigen Sekunden. Sie müssen Ihre Ziele immer wieder betrachten, die Strategien, die Sie verwenden, um sie zu erreichen, und diese von Zeit zu Zeit anpassen.

Um Ihnen ein Beispiel zu geben: Sie sind Single und gehen davon aus, dass es Ihnen im Alter reicht, neben Ihrer Rente fünf lastenfreie Eigentums-wohnungen zu besitzen, um finanziell klar zu kommen. Fünf Jahre später heiraten Sie. Als Sie Ihre finanziellen Ziele betrachten, wird Ihnen klar, dass diese zu klein dimensioniert waren.

Entsprechend setzten Sie sich ein größeres Ziel von sieben oder acht Eigentumswohnungen. Besser zehn, an die Kinder müssen Sie ja auch denken.

Ziele aufzustellen und die Pläne und Strategien, um diese zu erreichen, all das sind keine einmaligen Aktionen. Das Leben besteht aus vielen Variablen. Somit kann sich vieles ändern. Entsprechend muss man sehen, wie man damit klarkommt.

Tatsächlich sollten Sie Ihre Ziele und die damit verbundenen Pläne nach jedem Neukauf von Immobilieneigentum neu bewerten. Fragen Sie sich: Was hat mir der Kauf gebracht? Wie sieht meine finanzielle Situation jetzt aus? Bin ich meinen Zielen nähergekommen? Sind meine Ziele gleich geblieben oder ist eine Anpassung nötig?

Auf diese Weise haben Sie Ihr Leben besser unter Kontrolle und kommen dem, was Sie eigentlich wollen, immer näher.

Die Wahrheit ist, dass die meisten Menschen nicht genau wissen, was sie eigentlich wollen. Und von den wenigen, die es wissen, erreicht nur ein kleiner Teil die gesetzten Ziele.

Ich habe kürzlich die Statistik einer Bausparkasse gesehen. Demnach erreichen nur etwa 20 Prozent derjenigen, die Immobilien zur Kapitalanlage wollen, dieses Ziel. 80 Prozent nicht. Bei der selbstgenutzten Immobilie, egal ob als Eigenheim oder Eigentumswohnung, sieht es besser aus. Aber auch dabei schaffen es viele nicht, ihr Ziel zu erreichen, und bleiben ein Leben lang dem Zwang, Miete zu zahlen, unterworfen.

Die gute Nachricht ist: Sie können es schaffen! Sie können Ihre Ziele erreichen! Mit den Ratschlägen und Strategien aus diesem Buch haben Sie eine reelle Chance, es zu schaffen.

Zusammenfassung:

1. Sie müssen eine <u>klare</u> Zielsetzung haben!
Müssen wissen, was genau Sie erreichen möchten.
Das gilt sowohl für Ihre materiellen wie auch Ihre
ideellen Ziele.

2. Tatsächlich sind die Ziele, die man sich setzt,
nicht immer optimal gewählt. Dinge ändern sich.
Das Wissen, das man hat, ändert sich. Entsprechend
muss man seine Ziele immer wieder betrachten und
neu einschätzen. Und das nicht nur einmal.

3. Ziele aufzustellen und die Pläne und Strategien,
um diese zu erreichen, all das sind keine einmaligen
Aktionen. Das Leben besteht aus vielen Variablen.
Somit kann sich vieles ändern. Entsprechend muss
man sehen, wie man damit klarkommt.

4. Die gute Nachricht ist: Sie können es schaffen!
Sie können Ihre Ziele erreichen! Mit den
Ratschlägen und Strategien aus diesem Buch haben
Sie eine reelle Chance, es zu schaffen.

4. Weitere Gründe für Immobilien

Währungen sind wie Fußballmannschaften.
Wenn die Deckung versagt,
hilft auch die beste Verteidigung nichts mehr.
Carlo Franchi

Ich habe bereits eine Menge Gründe angeführt, die für die Immobilie als Sachwert mit Ertragswert sprechen. An dieser Stelle möchte ich einige Themen weiter vertiefen, denn ich denke, Sie sollten wissen, wie es darum steht.

Risiko Staatsverschuldung

Ein Faktor, dessen Auswirkungen gerne verschwiegen werden, ist die Staatsverschuldung. Alle Länder in der EU sind verschuldet, viele mehr als wir. Aber selbst die Bundesrepublik Deutschland, eines der stabilsten und produktivsten Länder in der EU, hat aktuell rund zwei Billionen Euro Schulden. Das sind 2.000 Milliarden Euro. Bezogen auf 80 Millionen Einwohner entspricht das pro Kopf ziemlich genau 25.000 Euro. Wenn Sie Teil einer zweiköpfigen Familie sind, dann schuldet Ihre Familie 50.000 Euro. Mit zwei Kindern sind es insgesamt 100.000 Euro Schulden.

Als Vergleich: Im Jahr 1980 hat die Staatsverschuldung umgerechnet lediglich 237 Milliarden Euro betragen. Seitdem ist sie steil angestiegen. * Damit hat seitdem fast eine Verzehnfachung stattgefunden! (* Quelle: *Warum Sie in Sachwerte investieren sollten*, Börsenverlag, Rosenheim, 2017, Seite 12ff)

Tatsächlich scheint der Anstieg seit ein paar Jahren gebremst. Aber schauen Sie sich das genau an. Viele Kosten, die in Zukunft auf den Staat zukommen, sind bei den Schulden gar nicht mitgerechnet. Etwa die Pensionen der Beamten. Diese haben nämlich nicht, wie andere Berufstätige, in die Rentenkasse eingezahlt. Ihre Rente muss der Staat aus der eigenen Tasche zahlen. Und das ist nicht gerade wenig Geld. Ebenfalls nicht berücksichtigt sind Bürgschaften, die wir für den Rest der EU aufgenommen haben. Da können noch mal ein paarhundert Milliarden Euro dazukommen.

Tatsächlich handelt es sich bei den 2 Billionen Euro um die direkte Staatsverschuldung. Wie viele Schulden in „Nebenhaushalten" verbucht werden, ist eine ganz andere Frage. Wenn man dann sieht, wie immer wieder Vorschläge gemacht werden, den Staatshaushalt zu sanieren, sieht man, wie ernst es ist. Sogar die Privatisierung von Autobahnen war schon im Gespräch. Wenn das durchkommt, müssen Sie in Zukunft auf bestimmten Strecken Gebühren zahlen. In Frankreich existiert dieses System bereits.

Bei anderen EU-Staaten ist es noch schlimmer. Nehmen Sie nur Griechenland. Nachdem das Land seine Finanzen mit Hilfe eines Beraters von GoldmanSachs entsprechend „frisiert" hatte, um die Aufnahmekriterien der Eurozone zu erfüllen, kam später heraus, wie schlecht es eigentlich um die dortige Wirtschaft steht. Jetzt hat Griechenland den

Euro und wird mit ständigen Milliardenzahlungen der Gemeinschaft über Wasser gehalten.

Aber selbst relativ produktiven Ländern wie Italien geht es nicht gut. Die Tatsache, dass dort kürzlich einige Banken Konkurs gingen und irgendwie gerettet werden mussten, ist eines von vielen Anzeichen dafür, dass auch dort enorme finanzielle Probleme existieren.

Wenn wir über die Grenzen der EU hinausschauen, fällt auf, dass die größte Wirtschaftsmacht der Welt, die USA, mit rund 20 Billionen Dollar noch mehr verschuldet ist als die BRD. Dort entfällt auf jeden der rund 320 Millionen Einwohner ein Schuldenanteil von etwa 62.000 Dollar, in Euro umgerechnet etwas weniger, aber trotzdem etwa das Doppelte von dem, was jeder Bundesbürger zu schultern hat. Im Jahr 1980 lag die Staatsverschuldung der USA bei 930 Milliarden Dollar, sie hat sich seitdem also mehr als verzwanzigfacht! *
(* Quelle: *Warum Sie in Sachwerte investieren sollten*, Börsenverlag, Rosenheim, 2017, Seite 12ff)

Was bedeutet das für die Zukunft? Die Politiker schaffen es, aus welchen Gründen auch immer, nicht, die Staatsschulden in den Griff zu bekommen. Tatsächlich werden sie weiter wachsen. Gleichzeitig sinken beispielsweise die Renten, weil sie nicht mit der Inflation Schritt halten können. Und das soziale Netz wird durch immer mehr Zuwanderer weiter belastet.

Es handelt sich um sozialpolitische Entwicklungen, die sich auf den Wirtschaftsraum Deutschland auswirken. Entwicklungen, die wir als Einzelpersonen kaum beeinflussen können.

Aber es gibt etwas, das wir tun können: Unser Vermögen auf Sachwerte konzentrieren und es somit vor der Inflation zu schützen. Denn eines ist sicher: Die Regierungen haben kein Interesse daran, das System kollabieren zu lassen. Entsprechend versuchen sie, es so lange wie möglich am Laufen zu halten. Und die aktuelle Lösung schließt auf jeden Fall Inflation ein, um ihre Schulden zu reduzieren. Wenn man das weiß, kann man damit arbeiten und es zu seinem Vorteil nutzen.

Ein Blick in die Zukunft
All das wird darauf hinauslaufen, dass die Zinsen mittel- und langfristig niedrig bleiben werden. Natürlich können sie ein wenig steigen. Werte von 6, 7 oder 8 Prozent für Immobilienkredite, wie sie vor ein paar Jahrzehnten üblich waren, werden aber in den nächsten Jahren nicht erreicht werden. Zu hohe Zinsen würden die südlichen EU-Staaten ruinieren und die Wirtschaft erlahmen lassen. Daher werden sich die Zentralbanken davor hüten, die Zinsen zu sehr zu erhöhen.

Zusammenfassung:

1. Die Bundesrepublik Deutschland hat aktuell rund zwei Billionen Euro Schulden. Bezogen auf 80 Millionen Einwohner entspricht das pro Kopf ziemlich genau 25.000 Euro.

2. Die Politiker schaffen es, aus welchen Gründen auch immer, nicht, die Staatsschulden in den Griff zu bekommen. Tatsächlich werden sie weiter wachsen. Gleichzeitig sinken beispielsweise die Renten, weil sie nicht mit der Inflation Schritt halten können. Und das soziale Netz wird durch immer mehr Zuwanderer weiter belastet.

3. Die Regierungen haben kein Interesse daran, das System kollabieren zu lassen. Entsprechend versuchen sie, es so lange wie möglich am Laufen zu halten. Und die aktuelle Lösung schließt auf jeden Fall Inflation ein, um ihre Schulden zu reduzieren.

5. Geheimtipp: Der Turbo für den Vermögensaufbau

Geld ist nicht alles.
Ein Mann mit zwanzig Millionen Dollar
kann genauso glücklich sein wie ein Mann
mit einundzwanzig Millionen Dollar.
Jacky Gleason

In dem Kapitel *Wie man sich mit Immobilien ein Vermögen aufbaut* habe ich aufgezeigt, wie man sich durch regelmäßigen Ankauf von Wohnimmobilien ein Vermögen aufbauen kann. Das Prinzip besteht darin, sich alle paar Jahre eine Eigentumswohnung oder ein Mehrfamilienhaus zu kaufen, alles zu finanzieren und die Immobilien im Laufe der Zeit zu entschulden. Das ist die klassische Vorgehensweise. Man „spart" quasi Immobilienvermögen an.

Schneller geht der Vermögensaufbau vonstatten, wenn man ab und zu Immobilien mit Gewinn verkauft. Dadurch schafft man sich Liquidität, die man ebenfalls in den Vermögensaufbau stecken kann. Dabei gilt es ein paar steuerliche Aspekte zu beachten. Sie sollten auf jeden Fall Ihren Steuerberater konsultieren, der Ihre persönliche Situation einschätzen und Ihnen detailliertere Angaben machen kann. Ich will das Thema in diesem Kapitel nur anreißen, um Ihnen eine Vorstellung davon zu vermitteln, was sinnvoll und machbar ist.

Wenn man Immobilien kauft und vermietet, hat man Einnahmen (Mieten) und Ausgaben. Liegen die Einnahmen über den Ausgaben, erzielt man Gewinn, den man natürlich versteuern muss. Macht man Verlust, reduziert dieser das zu versteuernde Einkommen.

Wenn man Immobilien nicht nur vermietet, sondern auch verkauft, ist der durch diesen Verkauf erzielte Gewinn grundsätzlich ebenfalls zu versteuern. Allerdings existieren ein paar Ausnahmen. Betrachten wir diese im Detail.

Das selbstgenutzte Wohneigentum
Wenn Sie eine Wohnung oder ein Haus selbst bewohnen und es nach wenigen Jahren wieder verkaufen, ist der Gewinn gewöhnlich steuerfrei. Als Faustregel sollte der Zeitraum dabei drei Kalenderjahre umspannen. Wenn Sie die Immobilie also im Oktober 2017 bezogen haben, können Sie sie im Januar 2019 verkaufen und müssen den Gewinn nicht versteuern.

Es gibt Leute, die diese Regel nutzen, um sich ein Zusatzeinkommen zu schaffen. Sie erwerben eine renovierungsbedürftige Immobilie, ziehen selbst ein, lassen ihren handwerklichen Fähigkeiten freien Lauf und verkaufen das gute Stück ein paar Jahre später in renoviertem Zustand mit Gewinn. Dann wiederholen sie das mit der nächsten Immobilie usw. Diese Vorgehensweise empfiehlt sich vor allem für handwerklich begabte Menschen, die ihre Arbeitskraft auf diese Weise zur Steigerung des Werts ihrer Immobilie einsetzen.

Private Vermögensverwaltung

Wenn es um vermietete Immobilien geht, ist die Zehn-Jahres-Regel zu beachten. Sie wird auch als *Spekulationsfrist* bezeichnet. Sie sagt aus, dass man eine Kapitalanlageimmobilie mindestens zehn Jahre besessen haben muss, damit der beim Verkauf erzielte Gewinn steuerfrei bleibt.

Wenn Sie also 2017 für 100.000 Euro eine Kapitalanlageimmobilie kaufen und sie 2022 für 150.000 verkaufen, muss der erzielte Gewinn von 50.000 Euro als Einkommen versteuert werden. Hinzu kommt, dass die Steuervorteile der fünf verstrichenen Jahre, durch die Abschreibung für Abnutzung, im Jahr des Verkaufs versteuert werden müssen. Das mindert natürlich den Gewinn je nach Steuersatz erheblich.

Sinnvoller ist folgende Vorgehensweise: Wenn Sie 2017 für 100.000 Euro eine Kapitalanlage-immobilie kaufen, behalten Sie sie mindestens zehn Jahre in Ihrem Bestand. Wenn Sie sie beispielsweise 2028 für 150.000 Euro verkaufen, sind die 50.000 Euro Gewinn steuerfrei. Die Steuervorteile, die Sie durch die Immobilie in all den Jahre erhalten haben, bleiben erhalten.

Wenn man also beginnt, in Kapitalanlage-immobilien zu investieren, kann man die ersten nach frühestes zehn Jahren wieder verkaufen und dabei steuerfreie Gewinne realisieren. Manch einer schafft sich dadurch ein Zusatzeinkommen und verkauft alle paar Jahre eine seiner Immobilien, die er schon lange genug in seinem Bestand hatte. Wenn die Immobilienpreise steigen, kann das Sinn machen. Sofern man den Gewinn dann wieder einsetzt, um sich mehr Immobilienvermögen anzueignen, wirkt das wie ein Turbo für den privaten Vermögensaufbau.

Der gewerbliche Immobilienhandel
Die nächste Stufe wäre der gewerbliche Immobilienhandel. Das Finanzamt geht davon aus, dass dieser vorliegt, wenn mehr als drei Immobilien innerhalb von fünf Jahren gekauft und wieder verkauft werden. Dann muss man für die Gewinne nicht nur Einkommen- sondern auch Gewerbesteuer zahlen.

Der gewerbliche Immobilienhandel ist nicht Thema dieses Buches, ich will nur erwähnen, wo die Grenze liegt, damit Sie sie nicht, ohne es zu wissen, überschreiten.

Wenn man drei Kapitalanlageimmobilien innerhalb von fünf Jahren kauft und verkauft, wird das in der Regel noch als privater Immobilienhandel betrachtet. Dann fällt für die Gewinne beim Verkauf nur Einkommensteuer an. Verkauft man dann aber innerhalb der Fünf-Jahres-Frist noch eine vierte Immobilie, muss bei allen vieren auf den Gewinn nicht nur Einkommen- sondern auch Gewerbesteuer gezahlt werden.

Eine Immobilie kann in diesem Zusammenhang etwa auch eine Garage sein. Wenn Sie beispielsweise drei Eigentumswohnungen innerhalb der

Fünf-Jahres Frist kaufen und mit Gewinn wieder verkaufen, und dann noch eine Garage innerhalb der Frist hinzukommt, kann es passieren, dass Sie eine Menge Gewerbesteuern nachzahlen müssen. Sollten Sie sich dem Bereich des gewerblichen Immobilienhandels nähern, ist es sinnvoll einen Steuerberater zu konsultieren, um zu entscheiden, wie viele Immobilie zu verkaufen sich lohnt.

Zusammenfassung:

1. Wenn Sie eine Wohnung oder ein Haus selbst bewohnen und es nach wenigen Jahren wieder verkaufen, ist der Gewinn gewöhnlich steuerfrei. Als Faustregel sollte der Zeitraum dabei drei Kalenderjahre umspannen.

2. Die Zehn-Jahres-Regel (Spekulationsfrist) sagt aus, dass man eine Kapitalanlageimmobilie mindestens zehn Jahre besessen haben muss, damit der beim Verkauf erzielte Gewinn steuerfrei bleibt.

3. Das Finanzamt geht davon aus, dass gewerblicher Immobilienhandel vorliegt, wenn mehr als drei Immobilien innerhalb von fünf Jahren gekauft und wieder verkauft werden. Dann muss man für die Gewinne nicht nur Einkommen- sondern auch Gewerbesteuer zahlen.

6. Eigennutz kontra Kapitalanlage

Geld macht keine Ideen,
aber Ideen machen Geld.
Jacques Séguéla

Viele Menschen denken bei Immobilieneigentum zuerst an die „eigenen vier Wände". Eine Eigentumswohnung oder ein Haus, das sie selbst bewohnen. Ein Ort, den sie nach ihren Wünschen gestalten können. Eine Oase der Ruhe, in die sie sich zurückziehen und wo sie sich von der Arbeit erholen können.

Wie hieß es einmal in der Werbung einer Bausparkasse? Ein Haus zu bauen liegt in der Natur des Menschen. Das ist richtig. Ohne ein Haus oder eine Wohnung sind wir den Elementen schutzlos ausgeliefert. Oder können Sie sich vorstellen, dauerhaft auf einer Wiese zu wohnen. Hitze, Kälte, Regen, Stürme, Schnee und Hagel sind gute Argumente, die dagegen und für eine Immobilie sprechen.

Natürlich könnte man auch im Wohnwagen leben. In einem sogenannten „Trailer Park", wie es sie in den USA zuhauf gibt. Das ist aber nur die Notlösung von rund 20 Millionen Menschen in diesem Land, die sich kein Haus leisten können. Und viel Platz bietet ein Wohnwagen nicht. Für ein paar Wochen Urlaub im Jahr mag ein Wohnwagen Spaß machen, aber dauerhaft darin wohnen? Nein, das ist nicht wirklich komfortabel.

Eine Zeitlang haben viele Deutsche in Schrebergärten gelebt. Als nach dem Krieg Wohnraum knapp war, nutzen Hunderttausende die kleinen Gartenhäuschen samt Grundstück als Dauerwohnsitz. Heute ist das allerdings, mit einigen wenigen Ausnahmen, nicht mehr erlaubt.

Also brauchen Sie eine Wohnung oder ein Haus, in dem Sie wohnen können. Und ja, die selbstbewohnte Immobilie ist durchaus attraktiv. Bausparkassen werben dafür. Sie kennen den Wunsch der Menschen, die „eigenen vier Wände" zu besitzen. Und ganz ehrlich: Es ist schön, im eigenen Haus zu wohnen!

Doch leider gibt es auf dem Weg zum selbstgenutzten Immobilieneigentum einige Hindernisse zu überwinden.

Die selbstgenutzte Immobilie
Zunächst einmal stellt man an den eigenen Wohnraum besondere Ansprüche. Der Grundriss muss stimmen, die Ausstattung und natürlich nicht zuletzt die Lage. Wenn man einen festen Job hat und nicht gezwungen ist, aufgrund der Arbeit umzuziehen, kann man den Standort recht leicht bestimmen.

Die besondere Ausstattung und Lage spiegelt sich im Preis wieder. Für die selbstgenutzte Immobilie muss man gewöhnlich mehr Geld investieren als für eine Kapitalanlageimmobilie, bei der andere Kriterien wichtig sind.

Das größte Hindernis beim Kauf der selbstgenutzten Immobilie ist jedoch die Finanzierung. Banken verlangen in diesem Fall nämlich gewöhnlich 20 bis 30 Prozent Eigenkapital. Ist das vorhanden und stimmt das Einkommen, ist der Kauf kein großes Problem. Aber was, wenn man das Geld nicht hat? Dann muss man sparen. Und das kann ein Problem sein. Warum? Weil man gegen die Inflation anspart, die sich in Form steigender Immobilienpreise manifestiert.

Angenommen, Sie visieren eine Eigentumswohnung oder ein Haus mit einem Kaufpreis von 200.000 Euro an. Dann sind mindestens 40.000 Euro Eigenkapital erforderlich. Wie lange werden Sie brauchen, um diesen Betrag anzusparen? Fünf Jahre? Oder mehr? In dieser Zeit kann der Preis für die Traumimmobilie bereits gestiegen sein und Sie müssen weiter sparen. Auf jeden Fall müssen Sie eine gehörige Portion Zeit und Geduld investieren.

Manch einer schließt einen Bausparvertrag ab, um seinen Traum vom eigenen Heim zu verwirklichen. Hier existiert aber genau das gleiche Problem: Man kämpft gegen die Inflation an. Es dauert Jahre, das nötige Kapital anzusparen, um dann einen zinsgünstigen Kredit von der Bausparkasse zu erhalten. Doch gibt es ein weiteres Problem, das oft übersehen wird: Die Bausparkassen verlangen für den gewährten Kredit relativ hohe Tilgungen, damit sie ihr Geld schnell zurück erhalten. Das schlägt sich in hohen monatlichen Raten nieder.

Wenn Sie es aber schaffen, das Eigenkapital für Ihre eigene Immobilie zu besorgen, sie finanzieren und kaufen, erwerben Sie damit zum einen inflationssicheres Vermögen und darüber hinaus ein Stückchen Freiheit. Sie können sie zum Beispiel nach eigenen Vorstellungen renovieren und müssen derlei Aktionen nicht mit einem Vermieter absprechen.

Die vermietete Immobilie
Der Einstieg in Immobilien muss nicht mit der selbstgenutzten Immobilie stattfinden. Tatsächlich ist es gewöhnlich sinnvoller, das nicht zu tun.

Angenommen, Sie wohnen in einer schönen, günstigen Mietwohnung, in der Sie sich wohlfühlen. Dann macht es nicht viel Sinn, diese Wohnung aufzugeben, um in die eigenen vier Wände zu ziehen. Stattdessen können Sie eine Kapitalanlageimmobilie erwerben.

Das hat mehrere Vorteile. Zum einen ist bei der Finanzierung einer Kapitalanlageimmobilie, ausreichende Bonität vorausgesetzt, nicht unbedingt ein Eigenkapital von 20 Prozent nötig. Wenn Sie also gut verdienen, aber wenig gespart haben, entfällt die Ansparphase für das Eigenkapital. Sie können sich Immobilienbesitz also früher leisten.

Hinzu kommen die Steuervorteile, die man bei der selbstgenutzten Immobilie nicht hat. Diese sind, wie in einem früheren Kapitel beschrieben, zwar nicht besonders hoch, aber wie heißt es so schön: Kleinvieh macht auch Mist.

Des Weiteren behalten Sie Ihre Flexibilität bei. Sie können von einer Mietwohnung in die nächste ziehen, während Sie Ihre Kapitalanlageimmobilie einfach behalten. Es ist natürlich auch möglich, dass Sie irgendwann in die Wohnung, die Sie zur Kapitalanlage gekauft haben, selbst einziehen. Am Kredit ändert das nichts. In dem Moment entfallen nur die Steuervorteile.

Ich empfehle gewöhnlich, mit der vermieteten Immobilie anzufangen. In der Praxis überwiegen die Vorteile. Tatsächlich ist dabei auch die Investition geringer als bei der Selbstnutzung.

Investitionen im Vergleich
Wie sieht es finanziell aus, wenn man die oben genannten Möglichkeiten vergleicht?

Betrachten wir erst die übliche Variante, zur Miete zu wohnen, ohne Immobilieneigentum zu erwerben. Angenommen ein Ehepaar mietet für 800 Euro monatlich eine Wohnung. Dies bedeutet, dass die beiden im Zeitraum von 30 Jahren insgesamt 288.000 Euro an Miete ausgeben. Berücksichtigt man eine durchschnittliche Mietsteigerung von vier Prozent, kommt man sogar auf eine Gesamtsumme von 556.000 Euro! Und natürlich besitzt das Ehepaar am Ende kein Immobilienvermögen!

Angenommen das Ehepaar verfügt über 50.000 Euro Eigenkapital und erwirbt eine selbstgenutzte Immobilie, für die sie inklusive Kaufnebenkosten 218.000 Euro bezahlt. Unter Berücksichtigung aller

Kosten wie Zinsen, Tilgung, Hausverwaltung und Instandhaltungsrücklagen geben die beiden in 30 Jahren rund 460.000 Euro aus. Und natürlich gehört dem Ehepaar die Immobilie, nachdem sie abgezahlt ist.

Bei der vermieteten Immobilie in Kombination mit einer selbst genutzten Mietwohnung sieht es wieder anders aus. Dank optimierter Finanzierung, Mieteinnahmen und Steuervorteilen liegt die Gesamtinvestition bei rund 305.000 Euro. Nach etwa 30 Jahren ist die Kapitalanlageimmobilie abgezahlt. Die dann noch immer fließenden Mieteinnahmen decken das, was das Ehepaar an eigener Miete zu zahlen hat.

Die Berechnung der obigen Beispiele habe ich bereits vor einigen Jahren durchgeführt. In der Praxis können die Zahlen natürlich aufgrund unterschiedlicher Miethöhen, Zinsen, Tilgungs-höhen, Inflation und Kaufpreise davon abweichen. Ich habe die Beispiele hier nur aufgeführt, um Ihnen zu verdeutlichen, dass die selbstgenutzte Immobilie nicht unbedingt die günstigste Variante darstellt.

Wenn Sie, wie in dem Kapital *Wie man sich mit Immobilien ein Vermögen aufbaut* mit der Zeit immer mehr Kapitalanlageimmobilien erwerben, können Sie natürlich an irgendeinem Punkt eine davon selbst beziehen. Wenn Sie viele Immobilie besitzen, sind Sie diesbezüglich äußerst flexibel.

Zusammenfassung:

1. Das größte Hindernis beim Kauf der selbstgenutzten Immobilie ist die Finanzierung. Banken verlangen in diesem Fall nämlich gewöhnlich 20 bis 30 Prozent Eigenkapital. Wenn man das erst aufbauen muss, spart man gegen die Inflation an, die sich in Form steigender Immobilienpreise manifestiert.

2. Beim Erwerb einer Kapitalanlageimmobilie ist, ausreichende Bonität vorausgesetzt, nicht unbedingt ein Eigenkapital von 20 Prozent nötig. Hinzu kommen Steuervorteile und Flexibilität bei der Wahl des eigenen Wohnorts.

7. Betriebliche Altersversorgung

Ein weiser Mann hat Geld im Kopf,
aber nicht in seinem Herzen.
Jonathan Swift

Bestimmend für den Eintritt in ein Unternehmen sind für einen Mitarbeiter heutzutage vor allem das Gehalt und die persönlichen Vorteile, die er durch seinen neuen Arbeitsplatz erfährt. Zu letzteren zählen unter anderem Aufstiegschancen, Ausbildungsmöglichkeiten, das Ansehen des Unternehmens oder die Arbeitsumgebung. Da Fluktuation zu den größten, allerdings nicht genau erfassbaren Kostenfaktoren eines Unternehmens zählt, versuchen Unternehmen, Mitarbeiter auf verschiedene Arten und Weisen an sich zu binden. Das ist verständlich, denn langjährige Erfahrung in Technik, Kundenkontakt oder Verwaltung, die durch Fluktuation verloren gehen, sind manchmal nur schwer zu ersetzen.

Neben der Unternehmensbeteiligung in Form einer Erfolgs- oder Kapitalbeteiligung haben sich auch Modelle durchgesetzt, die dem Mitarbeiter zusätzlich zu seiner staatlichen Rente eine betriebliche Alterversorgung von Seiten des Unternehmens zukommen lassen. Diese Form der Mitarbeitermotivation verdient gerade in der heutigen Zeit große Aufmerksamkeit. Warum? Weil es kaum einen Mitarbeiter gibt, der sich keine Gedanken über seine zukünftige Rente macht. Angesichts der immer geringer ausfallenden Staatsrente, die eher in

275

die Altersarmut statt den beschaulichen Lebensabend führt, ist das verständlich.

Eine zusätzliche Garantie zur finanziellen Absicherung im Alter ist etwas, das Mitarbeiter interessiert und ihre Verbundenheit mit dem Unternehmen deutlich erhöhen wird.

Die betriebliche Alterversorgung
Wenn sich in der Vergangenheit ein Unternehmen für die betriebliche Altersversorgung entschieden hatte, bestand diese im Wesentlichen aus Pensionszusagen an die Mitarbeiter. Das Unternehmen bildete dabei Rückstellungen, die nach versicherungsmathematischen Gesichtspunkten vorgenommen wurden. Alternativ dazu wurden für einzelne Mitarbeiter Kapitallebensversicherungen abgeschlossen, die dadurch im Alter eine Zusatzrente erhielten.

Diese Vorgehensweisen sind nach wie vor üblich. Aber sind sie angesichts der aktuellen Situation auf den Finanzmärkten noch sinnvoll? Geldwerte unterliegen, wie bereits mehrfach erwähnt, der Inflation. Die Niedrigzinsphase reduziert die Erträge von Kapitallebensversicherungen und anderen Geldanlagen. Wäre es daher nicht sinnvoll, Sachwerte einzusetzen, um die Rentenversprechen an die Mitarbeiter zu erfüllen?

Altersversorgung auf Sachwertbasis
Da der Geldwert eines der ganz großen Fragezeichen in der Bewertung von Renten ist, wird im Modell der *Kempe Immobilien GmbH* ein

anderer Weg beschritten. Dabei bildet das Unternehmen für jeden Mitarbeiter einen Vermögenswert auf Sachwertbasis. Dieser besteht aus einer Wohnimmobilie oder einer Wohneinheit eines Mehrfamilienhauses. Für ausgewählte Mitarbeiter, die beabsichtigen, eine festgelegte Zeitspanne beim Unternehmen zu bleiben, wird ein solches Objekt erworben. Dabei liegt die Mindestzeit, die der Mitarbeiter beim Unternehmen blieben muss, bei zehn Jahren.

Mit dem Kauf der Immobilie kommen dem Unternehmen die steuerlichen Vorteile eines Kapitalanlegers zugute, also die Abschreibung für Abnutzung. Wie andere Kapitalanleger auch profitiert das Unternehmen darüber hinaus von der Wertsteigerung der Immobilie. Und natürlich wird ein Großteil der Investition über die Mieteinnahmen finanziert.

Nach bestimmten Kriterien wird dem Mitarbeiter das Nutzungsrecht an der für ihn vorgesehenen Immobilie zugesprochen, gewöhnlich ab dem Zeitpunkt der Pensionierung. Dann kommt er in den Genuss mietfreien Wohnens oder es fällt ihm der Ertrag aus der Immobilie zu.

Die genauern Details sprengen den Umfang dieses Kapitels. Ich wollte Ihnen nur aufzeigen, dass Immobilien auch für die betriebliche Alters-versorgung ein interessantes Werkzeug darstellen. Da diese Form des Vermögensaufbaus dank Steuervorteil und Mieten fast nichts kostet, ist es sinnvoll, sich mit der Thematik zu beschäftigen.

Warum Wohnimmobilien?

Der Aufbau von privatem Vermögen findet normalerweise nach einem Vermögensportfolio statt. Das heißt, dass man einen gesunden Mix aus Rendite, Risikominimierung und schneller Liquidierbarkeit sucht.

Im Unternehmen spielen zwar ähnliche Überlegungen eine Rolle, darüber hinaus ist aber auch die Reservenbildung von Wichtigkeit. Ein Unternehmen, das Stabilität anstrebt, das von Risikofaktoren und Umgebungsvariablen unabhängig werden will, muss Reserven bilden.

An die Reservenbildung werden folgende Anforderungen gestellt: Gewinnmaximierung, Risikominimierung und geringe Liquidationszeit, also im Grunde die gleichen wie beim privaten Kapitalanleger. Darüber hinaus muss die Reservenbildung unabhängig vom Produkt des Unternehmens sein. Anders ausgedrückt: Schwankungen von Konjunktur und Marktattraktivität im Geschäftsfeld des Unternehmens sollten keinen Einfluss auf die Reserven haben. Daraus ergibt sich, dass die Produktions- oder Büroimmobilie des Unternehmens nicht immer eine geeignete Anlage für die Reservenbildung darstellt. Häufig ist es wesentlich sicherer, die vom Unternehmen genutzten Räumlichkeiten zu mieten und die Reserven in andere Immobilien anzulegen. Dafür bieten sich Wohnimmobilien natürlich an.

Motivation erster Klasse

Die Unsicherheiten in Bezug auf Geldentwertung, und damit die Absicherung des Alters und der Zukunft im Allgemeinen nehmen unübersehbar zu. Daher versuchen auch Mitarbeiter eines Unternehmens, zusätzliche finanzielle Absicherungen zu schaffen, um im Alter finanziell unabhängig zu sein. Das Problem: Damit geht ein Teil ihrer Aufmerksamkeit für die Arbeit verloren. Ein Mitarbeiter, der sich ständig mit zusätzlichen Projekten beschäftigt, ist in seinem Einsatz für das Unternehmen eingeschränkt.

Wenn dem Mitarbeiter aber eine betriebliche Zuwendung für das Alter zu Gute kommt, und zwar auf Sachwertbasis und damit unabhängig von Geldwertproblemen, so wird ihn das motivieren. Ganz besonders dann, wenn diese Zuwendung variabel gestaltet wird, und zwar so, dass sie von seiner Leistung und Treue zum Unternehmen abhängt. Wenn man das richtig konzipiert und seinen Mitarbeitern verständlich vermittelt, gewinnen beide Seiten, Unternehmer und Mitarbeiter.

Zusammenfassung:

1. Es gibt kaum einen Mitarbeiter, der sich keine Gedanken über seine zukünftige Rente macht. Eine zusätzliche Garantie zur finanziellen Absicherung im Alter ist daher etwas, das Mitarbeiter interessiert und ihre Verbundenheit mit dem Unternehmen deutlich erhöhen wird.

2. Immobilien stellen auch für die betriebliche Altersversorgung ein interessantes Werkzeug dar. Da diese Form des Vermögensaufbaus dank Steuervorteil und Mieten fast nichts kostet, ist es sinnvoll, sich mit der Thematik zu beschäftigen.

3. Der Aufbau von privatem Vermögen findet normalerweise nach einem Vermögensportfolio statt. Das heißt, dass man einen gesunden Mix aus Rendite, Risikominimierung und schneller Liquidierbarkeit sucht. Im Unternehmen ist darüber hinaus auch die Reservenbildung von Wichtigkeit. Ein Unternehmen, das Stabilität anstrebt, das von Risikofaktoren und Umgebungsvariablen unabhängig werden will, muss Reserven bilden.

8. Die Spardosen-GmbH

Geld ist nicht alles,
aber es hält dich garantiert in Kontakt mit deinen
Kindern.

Paul Getty

Sich mit Immobilien ein Vermögen aufzubauen ist eine feine Sache. Aber was, wenn man das geschafft hat? Natürlich können Sie von diesem Vermögen zehren und sich ein schönes Leben gönnen. Aber was, wenn Sie dieses Vermögen, oder einen Teil davon, an Ihre Kinder und Kindeskinder weitergeben wollen? Dann tappen Sie möglicherweise in die Steuerfalle, was bedeutet, dass Sie einen Teil Ihres Vermögens als Schenkung- oder Erbschaftsteuer an den Staat abgeben müssen.

Kleines Steuer-ABC

Schenkung- und Erbschaftsteuer fallen bei der Übertragung von Vermögen an andere Personen an, wobei derjenige, der das Vermögen überträgt, im ersten Fall noch lebt und im zweiten Fall bereits dahingeschieden ist.

Dabei sind die Steuerfreibeträge und Steuersätze bei Schenkung- und Erbschaftsteuer weitgehend gleich. Ich will in diesem Buch nicht auf alle Details der Steuergesetzgebung eingehen, sondern Ihnen nur eine grobe Vorstellung davon vermitteln, wie die Gesetze bei der Übertragung von Vermögen zum Tragen kommen. Im Einzelfall sollten Sie auf jeden Fall den Rat eines qualifizierten

Steuerberaters einholen.

Interessant sind für die Übertragung von Vermögen zunächst die Freibeträge. Diese sind abhängig vom Verwandtschaftsgrad und nehmen sich folgendermaßen aus:

Verwandtschaftsverhältnis	Freibetrag
Ehemann/Ehefrau/Lebenspartner	500.000 €
Kind/Stiefkind/Adoptivkind	400.000 €
Jedes Kind eines verstorbenen Kindes/Stiefkindes	400.000 €
Jedes Kind eines lebenden Kindes/Stiefkindes	200.000 €
Eltern/Großeltern bei Erbschaft	100.000 €
Eltern/Großeltern bei Schenkung	20.000 €
Geschwister, Kinder der Geschwister, Stiefeltern, Schwiegerkinder, Schwiegereltern, geschiedene Ehepartner und Lebenspartner einer aufgehobenen Lebenspartnerschaft	20.000 €
Andere Personen	20.000 €

Sie können also beispielsweise Ihren Kindern bis zu 400.000 € steuerfrei schenken. Bei Fremden liegt der Freibetrag nur bei 20.000 €.

Versteuert werden muss nur der Teil der Erbschaft oder Schenkung, der den Freibetrag übersteigt. Wenn Sie einem Kind etwa 700.000 € vererben wollen, sind nur 300.000 € davon zu versteuern.

Für die über die Freibeträge hinausgehenden Summen gelten je nach Verwandtschaftsgrad verschiedene Steuerklassen.

Verwandtschaftsverhältnis	Steuerklasse
Ehemann/Ehefrau/Lebenspartner	I
Kind/Stiefkind/Adoptivkind	I
Jedes Kind eines verstorbenen Kindes/Stiefkindes	I
Jedes Kind eines lebenden Kindes/Stiefkindes	I
Eltern/Großeltern bei Erbschaft	I
Eltern/Großeltern bei Schenkung	II
Geschwister, Kinder der Geschwister, Stiefeltern, Schwiegerkinder, Schwiegereltern, geschiedene Ehepartner und Lebenspartner einer aufgehobenen Lebenspartnerschaft	II
Andere Personen	III

Die Steuersätze betragen dann je nach Steuerklasse bei einem zu versteuernden Vermögen von bis zu:

Steuerklasse	I	II	III
75.000 €	7 %	15 %	30 %
300.000 €	11 %	20 %	30 %
600.000 €	15 %	25 %	30 %
6.000.000 €	19 %	30 %	30 %
13.000.000 €	23 %	35 %	50 %
26.000.000 €	27 %	40 %	50 %
ab 26.000.000 €	30 %	43 %	50 % *

(* Quelle: Wikipedia, Stichwort *Erbschaftsteuer in Deutschland.* Angaben in Euro.)

Bei der Übertragung „kleinerer" Vermögen sind diese durch die Freibeträge geschützt. Wenn Sie Ihren Kindern jeweils nicht mehr als 400.000 Euro vererben oder innerhalb von zehn Jahren schenken, fällt keine Steuer an. Wollen Sie, wie im obigen Beispiel, einem Kind 700.000 € schenken, sind 300.000 € zu versteuern. Da Kinder in Steuerklasse I fallen, beträgt der Steuersatz 11 Prozent, es sind also 33.000 € an Vater Staat zu zahlen.

Aber was ist bei höheren Summen? Beträgen im Millionenbereich? Auch hier gelten natürlich die Freibeträge. Aber alles, was darüber hinausgeht, muss versteuert werden.

Existieren Möglichkeiten, dies zu umgehen? Oder die Steuerlast zumindest zu reduzieren?

Eine Möglichkeit besteht durch die Übertragung von Vermögen zu Lebenszeiten, also durch Schenkung. Man kann die angegebenen Freibeträge nämlich alle zehn Jahre anwenden. Das bedeutet, dass Sie Ihren Kindern alle zehn Jahre steuerfrei Vermögen im Wert von 400.000 Euro schenken können. Das ist, nebenbei bemerkt, ein guter Grund, um lange zu leben.

Weiterhin ist es möglich, belastetes Immobilienvermögen zu übertragen. Bei einem Mehrfamilienhaus mit einem Verkehrswert von einer Million Euro, das mit einem Kredit von 600.000 Euro belastet ist, bewegt man sich noch innerhalb des Freibetrags, wenn man es an sein Kind weitergibt. Die Entschuldung des Hauses kann dann stattfinden, während es sich im Besitz des Kindes befindet. Natürlich müssen dabei eventuelle Gewinne während der Entschuldungsphase versteuert werden, aber das bewegt sich in einem überschaubaren Rahmen.

Was aber, wenn Sie bereits entschuldetes Immobilienvermögen besitzen? Und zwar im Wert von mehreren Millionen Euro?

Dann können Sie die *Spardosen-GmbH* nutzen, die ein interessantes Konzept zu dem Thema darstellt.

Die Spardosen-GmbH
In seinem Artikel *Die Spardosen-GmbH* weist Paul Forst, seines Zeichens Wirtschaftsprüfer und Steuerberater, auf eine interessante Möglichkeit zur Übertragung von großem Immobilienvermögen hin.
*

(* Quelle: *gmbhchef* Juni/Juli 2011, *Die Spardosen-GmbH*, Seite 10f.)

Dabei werden die zu verschenkenden Immobilien in eine Grundstücks-GmbH überführt. Die Anteile an der Gesellschaft werden dann zu einem Großteil an die Kinder übertragen. Dadurch findet eine Weitergabe von Vermögen statt, ohne dass Schenkungsteuer anfällt.

Paul Forst vergleicht in seinem Artikel den Unterschied bei einer direkten Übertragung von zwei Millionen Euro Immobilienvermögen vom Vater an seine Tochter und bei der Übertragung über eine GmbH.

Bei der GmbH-Variante fließen die zwei Millionen Euro Immobilienvermögen in die Kapitalrücklage der GmbH, die zu 99 Prozent der Tochter und zu einem Prozent dem Vater gehört. Damit hat sich der Wert der Beteiligung der Tochter um 1,98 Millionen Euro erhöht. Und das steuerfrei, da die Beteiligungswerterhöhung der Tochter keine Schenkungsteuer auslöst.

Würden die 1,98 Millionen direkt übertragen werden, hätte man nach Abzug des Freibetrags von 400.000 Euro noch 1,58 Millionen Euro zu versteuern. Wie Sie aus obiger Tabelle ersehen können, fallen für diesen Betrag 19 Prozent Steuern an, also 300.200 Euro.

Die GmbH-Übertragung ist also weitaus günstiger.

Allerdings muss man dabei einige Regeln beachten. Beispielsweise muss der Anteil des Erblassers an der GmbH vor der Übertragung mehr als 25 Prozent betragen. Außerdem kann es Änderungen im Steuerrecht geben, die zu beachten sind. Sie sehen schon, bei solch einer komplexen Aktion kommt man um den fachlichen Rat eines Steuerberaters nicht herum. Ich wollte Sie an dieser Stelle nur darauf aufmerksam machen, dass die Immobilie auch für die Übertragung von umfangreicherem Vermögen ein hervorragendes Werkzeug darstellen kann.

Werden Sie Stifter
Bei großen Vermögen ist auch die Möglichkeit gegeben, eine Stiftung zu gründen. Damit verhindern Sie, dass Ihr Vermögen zerschlagen wird, und setzten etwas für die Zukunft hin, das gemäß Ihren Idealen und Zielen tätig ist.

Die meisten Stiftungen verfolgen gemeinnützige Zwecke, was ihnen bei der Schenkung- bzw. Erbschaftsteuer Vorteile einbringt. Es existieren aber auch Familienstiftungen, die zum Vorteil von Familienmitgliedern ins Leben gerufen werden und nicht die Steuervorteile der gemeinnützigen Stiftungen genießen.

Wenn Sie Ihr Andenken bewahren oder irgendeinen bestimmten Bereich auch in Zukunft noch lange fördern wollen, ist eine Stiftung eine Möglichkeit, die Sie in Erwägung ziehen können.

In Essen beispielsweise wird man sich noch in Jahrhunderten an die Krupp-Dynastie erinnern, was nicht zuletzt auch der *Alfried Krupp von Bohlen und Halbach-Stiftung* zu verdanken ist, die mit einem Vermögen von rund einer Milliarde Euro ausgestattet und in vielen gemeinnützigen Gebieten aktiv ist. *
(* Weitere Infos unter: *www.krupp-stiftung.de*)

Entsprechend kann man mit einer Stiftung seinen Namen und sein Wirken unsterblich machen oder diesem Zustand zumindest nahe kommen. Hier bewegen wir uns auf einem Niveau, das weit über die Zukunft der eigenen Familie hinausgeht und sich auf ganze gesellschaftliche Bereiche ausdehnt.

Zusammenfassung:

1. Schenkung- und Erbschaftsteuer fallen bei der Übertragung von Vermögen an andere Personen an.

2. Die Steuerfreibeträge und Steuersätze sind bei Schenkung- und Erbschaftsteuer weitgehend gleich.

3. Eine Möglichkeit Steuern zu sparen besteht durch die Übertragung von Vermögen zu Lebenszeiten, also durch Schenkung. Man kann die angegebenen Freibeträge alle zehn Jahre anwenden.

4. Eine weitere Steuersparvariante stellt die Übertragung belasteten Immobilienvermögens dar.

5. Bei der Spardosen-GmbH werden die zu übertragenden Immobilien in eine Grundstücks-GmbH übertragen. Die Anteile an der Gesellschaft werden dann zu einem Großteil an die Kinder übertragen. Dadurch findet eine Weitergabe von Vermögen statt, ohne dass Schenkungsteuer anfällt.

6. Mit einer Stiftung verhindern Sie, dass Ihr Vermögen zerschlagen wird, und setzten etwas für die Zukunft hin, das gemäß Ihren Idealen und Zielen tätig ist.

9. Die zwölf goldenen Regeln für die Immobilien-Kapitalanlage

Geld allein macht nicht glücklich.
Es gehören auch noch Aktien, Gold und
Grundstücke dazu.

Danny Kaye

Eine Investition in Immobilien ist der Weg, sich ein Vermögen aufzubauen und somit seine Lebensqualität zu steigern. Doch ist Immobilie nicht gleich Immobilie. Im Verlauf dieses Buches habe ich bereits einiges dazu geschrieben.

An dieser Stelle möchte ich Ihnen die zwölf goldenen Regeln für die richtige Immobilien-Kapitalanlage mit auf den Weg geben. Dabei handelt es sich um die wichtigen Grundparameter, nach denen eine Investitionsentscheidung im Immobilienbereich getroffen werden sollte. Regeln, die sich in der Praxis bewährt haben.

1. Als Kapitalanlage kommen nur Objekte in kaufkraftstarken Ballungsgebieten in Frage. Die alte Makler-Regel *Lage, Lage, Lage* ist hier sehr wichtig. Trotzdem sind auch andere Kriterien zu berücksichtigen. Denn die beste Lage bekommt man nur zu einem sehr, sehr hohen Kaufpreis, weshalb sie unrentabel sein kann. Daher ist die Gesamtbetrachtung der eigentliche Schlüssel zum Erfolg.

2. Die Objektgrößen müssen auf eine breite Nachfrageschicht passen. Das trifft bei 2- und 3-

Zimmerwohnungen zu. Hier besteht die größte Nachfrage, denn mittlerweile hat sich die Bevölkerung stark in Richtung 1- und 2-Personenhaushalte entwickelt. Handelt es sich um andere Objektgrößen in den Häuser, Ladenlokale oder dergleichen, ist es nötig, das entsprechende Spezialwissen zu haben oder es sich für den Fall anzueignen.

3. Der regionale Standort sollte nicht beeinträchtigt sein. Hiermit ist gemeint, dass das unmittelbare Umfeld wichtig ist. Ein direkt an einer Bahnstrecke oder der Startbahn eines Flughafens gelegenes Haus kann auch in einer eigentlich guten Lage Probleme bringen. Wichtig ist, dass Sie sich die Situation vor Ort genau anschauen. Sie können auch durch die Autos in der Straße und die Klingelschilder viel über den Wohnwert der Region erfahren.

4. Die Kaufnebenkosten sollten in den Berechnungen voll erfasst und sauber einkalkuliert sein. Hier sprechen wir von Grunderwerbsteuer, Grundbuch- und Notarkosten sowie der möglichen Maklerprovision. Sie müssen dafür rund 10 Prozent auf den Kaufpreis drauflegen, sonst fehlt Ihnen das Geld am Ende der Gesamtkalkulation.

5. Die angesetzten Mieten müssen realistisch sein. Es ist wichtig, die Mietpreise vor Ort zu kennen und den Mietspiegel zu Rate zu ziehen. Aber auch bei der Betrachtung der Mietverträge kann man einiges in Erfahrung bringen. Wie lange wohnen die Mieter schon dort? Sind andere Mieter bereit, eine Miete in dieser Höhe zu zahlen? Und: Falls es

einen Leerstand gab, wie lange hat es gedauert, einen neuen Mieter zu finden? Von Mietpools ist in der Regel abzuraten, da sie meistens nur das Risiko und die Leerstände auf alle verteilen und deshalb unwirtschaftlich sind.

6. Die Qualität der Immobilie darf keine Unwägbarkeiten beinhalten. Ein Schwimmbad und eine große Parkanlage machen einiges her. Aufgrund der hohen Nebenkosten können sie jedoch unrentabel sein. Das kann sogar für einen Aufzug gelten. Objekte, die aufgrund solcher Ausstattung hohe Nebenkosten mit sich bringen, eignen sich nicht als Kapitalanlage.

7. Die Standards für eine vernünftige Vermietung müssen gegeben sein. Selbst, wenn es sich um einen Altbau handelt. Sie können heute keinen Wohnraum vermieten, wenn er nicht Doppelverglasung, ein vernünftiges Bad, eine moderne Heizung sowie relativ moderne Böden und ein sauberes, einen guten Eindruck erweckendes Treppenhaus hat.

8. Der Verwalter muss über hinreichende Erfahrungen und Referenzen verfügen. Auch muss die Bonität des Mieters geprüft werden. Es sollte geklärt sein, dass er in der Vergangenheit kontinuierlich seine Miete gezahlt hat und über ein regelmäßiges Einkommen verfügt. Um das in Erfahrung zu bringen, gibt es entsprechende Mieterauskunftsbögen.

9. Die Nettoverzinsung sollte bei einer vermieteten Eigentumswohnung möglichst 5 Prozent, bei einem Mehrfamilienhaus 7,5 Prozent ausmachen. Eine derartige Rendite erhalten Sie natürlich nicht bei Neubauten. Wenn Sie hohe Qualität haben wollen, reduziert das die Rendite. Für den Gedanken der Kapitalanlage ist es wichtig, eine gute Verzinsung zu erhalten. Daher ist ein Vergleich der Rentabilität von verschiedenen Objekten sinnvoll.

10. Beim Immobilienerwerb sollte eine der Zielsetzungen sein, in absehbarer Zeit mietfrei zu wohnen. Das kann auch durch eine vermietete Eigentumswohnung geschehen, mit der man zum Vermieter wird und so auch Miete einnimmt und nicht nur bezahlt. Der nächste Schritt ist dann ein Zusatzeinkommen, etwa durch weitere Eigentums-wohnungen oder ein kleines Mehrfamilienhaus. Damit hat man den Grundstein zum Vermögensaufbau mit Sachwerten gelegt. Dabei sollte man wie ein Profi vorgehen und darauf achten, dass die Mieteinnahmen die Kosten für die Finanzierung überschreiten.

11. In der heutigen Zeit (Niedrigzinsphase) sollte eine lange Zinsfestschreibung gewählt werden. Darüber hinaus sollten bei der Finanzierung alle Nebenkosten mit eingerechnet werden. Es ist sinnvoll, wegen einer Finanzierung zuerst bei der Hausbank anzufragen und ein vernünftiges, freundliches Gespräch zu führen. Darüber hinaus sollte man mindestens ein Vergleichsangebot einholen, etwa von einem Finanzierungsvermittler, so dass man orientiert ist und zwei Eisen im Feuer

hat. Eventuell kann es auch bei den Verhandlungen mit der Hausbank nützlich sein, ein günstigeres Angebot der Konkurrenz in der Tasche zu haben.

12. Die Gesamtkalkulation muss von einem Steuerberater oder Wirtschaftsprüfer verifiziert werden, so dass wirklich eine sachgerechte Finanzierung und Überprüfung von unabhängigen Leuten gegeben ist. Dadurch, dass man nicht zu knapp kalkuliert, ist für einen möglichen Mietausfall oder Mieterwechsel Sorge getragen.

10. Sahnehäubchen für Lebensqualität: Das magische Dreieck

Wer ständig glücklich sein möchte, muss sich oft verändern.
Konfuzius

Das Kernthema dieses Buches ist *Lebensqualität*. Und natürlich die brennende Frage, wie man diese erreichen kann. Ich habe meinen Weg gefunden. Und sicher sind auch Sie daran interessiert, die Qualität Ihres Lebens zu verbessern.

Selbstverständlich kann es viele Wege geben, ein erfülltes und erfolgreiches Leben zu führen. Für manch einen steht die Familie im Vordergrund und er konzentriert sich voll und ganz auf sie, investiert den Großteil seiner Aufmerksamkeit und Zeit in seine Kinder und Kindeskinder. Ein anderer findet seine Berufung darin, anderen zu helfen, etwa als Pfleger oder Arzt. Das gesamte Spektrum karitativer Tätigkeiten ist darauf ausgerichtet, andere Menschen zu unterstützen. Und natürlich kümmern sich manche von uns vornehmlich um die Umwelt oder um die Tiere unseres Planeten.

Tatsächlich ist das Leben eines Menschen nicht nur auf einen Bereich ausgerichtet. Wir Menschen sind vielfältige Lebewesen und entsprechend breit ist das Spektrum unserer Interessen und Tätigkeitsbereiche. Dabei setzt jeder andere Prioritäten. Welche genau das in Ihrem Fall sind, ist natürlich Ihnen selbst überlassen. Zumindest in unserem Land haben wir diesbezüglich enorm viel

Entscheidungs- und Handlungsfreiheit. Diese sollten wir nicht ungenutzt lassen.

Die Konzepte und Methoden, die ich Ihnen in diesem Buch vorgestellt habe, konzentrieren sich natürlich auf das, was ich in meinem Leben erlebt habe. Auf die Erfolge und Misserfolge, aus denen ich persönlich Lehren gezogen habe. Tatsächlich habe ich mir kürzlich noch einmal Gedanken gemacht und überlegt, was genau meinen Erfolg im Leben ausgemacht hat. Natürlich haben Immobilien dabei eine große Rolle gespielt. Aber war das alles? Und wenn ja, wie kam es eigentlich, dass ich mit Immobilien erfolgreich, überaus erfolgreich wurde? Was waren die ausschlaggebenden Faktoren?

Nachdem ich mich mit dieser Frage einige Wochen auseinandergesetzt hatte, kam ich schließlich zu der Erkenntnis, dass Immobilien zwar ein wichtiger Teil meines beruflichen Erfolgs waren, aber längst nicht alles. Es gab noch zwei weitere Faktoren, denen man ebenfalls Aufmerksamkeit schenken muss, wenn man sich auf Immobilien „einlässt". Zusammen ergeben sie das *magische Dreieck*.

Dieses Dreieck besteht aus folgenden Komponenten:

1. Immobilien
2. Finanzen
3. Management

Betrachten wir diese drei Eckpfeiler für Erfolg und Lebensqualität im Detail.

1. Immobilien: Das Werkzeug für nachhaltigen Vermögensaufbau

Zu diesem Thema habe ich im vorliegenden Buch bereits vieles geschrieben. Immobilien sind ein hervorragendes Werkzeug, um sich ein Vermögen aufzubauen. Sie bieten *Inflationsschutz* und ermöglichen es durch ihre *Hebelwirkung,* mit relativ wenig Geld relativ viel Geld zu bewegen. Dadurch, dass man beim Immobilieninvestment *anderer Leute Geld* verwendet, muss man nicht viel Eigenkapital einbringen.

Bei all den Vorteilen, die Immobilien bieten, darf man nicht vergessen, dass sie ein Werkzeug sind, ein Mittel zum Zweck. Man stellt sie Mietern zur Verfügung und erhält als Austausch dafür Miete. Es handelt sich bei ihnen nicht um ein Sammelobjekt, das man einfach nur „besitzt". Natürlich bevorzugt der Ästhet wunderbare Immobilien. Und er möchte viel Herzblut in ihre Schönheit investieren. Man kann, was Immobilien betrifft, eine Menge Ideen kultivieren. Letztlich aber sind sie da, um von Mietern genutzt zu werden. Oder von Ihnen als Eigennutzer. Das ist der eigentliche Nutzen, das ist der Grund, warum man überhaupt Häuser baut, damit Menschen darin leben können. Sie schützen uns vor Wind und Wetter, bieten uns Schutz und Orte, an die man sich zurückziehen kann. Ohne sie wäre eine Zivilisation wie die unsere überhaupt nicht möglich.

Allerdings reicht es nicht, sich irgendwelche Immobilien zu kaufen, um die eigene

Lebensqualität zu steigern. Man muss sich mit der Materie auseinandersetzen. Lernen, damit zu denken. Das gilt es zu erreichen.

Dann folgt die nächste Komponente: Man muss die Finanzen im Auge behalten, sonst erhält man keine gesteigerte Lebensqualität, sondern, ganz im Gegenteil, Probleme und Stress.

2. Finanzen: Energie für Erfolg

Wenn Immobilien Energiequellen darstellen, also quasi Kraftwerke oder Generatoren, dann sind die Finanzen die Energie selbst, die damit kreiert wird. Geld! Es handelt sich dabei zweifelsohne um Energie, denn Geld macht Bewegung möglich. Während Immobilien quasi die *nicht* bewegliche, also *im*mobile Seite der Gleichung darstellen, steht Geld für Bewegung.

Geld in Form von Lohn und Gehalt motiviert Arbeiter und Angestellte dazu, etwas zu tun, zu arbeiten. Wenn man Geld besitzt, kann man damit Bewegung verursachen. Man kann Dienstleistungen kaufen und Waren geliefert bekommen. Und natürlich benötigt man Geld, um mobil zu sein, egal ob mit dem Flugzeug, Schiff, Auto oder öffentlichen Verkehrsmitteln.

Geld spielt ebenfalls eine wichtige Rolle beim Thema Lebensqualität. Ein Leben in den roten Zahlen ist nicht angenehm. Man steht bei anderen in der Schuld, fühlt den Druck, ihnen Geld zahlen zu müssen. Das wirkt sich natürlich negativ auf den eigenen Geisteszustand aus, auf die eigenen

Emotionen. Oder haben Sie sich schon einmal darüber gefreut, Schulden zu haben oder einen Mahnbescheid zu erhalten? Eben! Wenn man zwar schuldenfrei lebt, aber arm ist, jeden Euro zweimal umdrehen muss, bevor man ihn ausgibt, ist das zwar besser, aber immer noch nicht angenehm. Man muss sich einschränken, kann nicht dort leben, wo man will, kann nicht reisen und all die schönen Dinge unternehmen, die das Leben lebenswert machen. Man hat nur wenig Energie. Das bedeutet gleichsam, dass einem kein großer Freiraum zur Verfügung steht, man oft nicht die Dinge unternehmen kann, nach denen einem der Sinn steht. Verfügt man über ausreichende finanzielle Mittel, ist das Leben recht angenehm. Man muss vielleicht noch arbeiten, hat aber bei vielen Entscheidungen mehr Freiraum. Der Druck, in Form von Schulden, ist verschwunden. Mangel ist niemals schön. Und ein Mangel an Geld schon gar nicht. Genug Geld zu besitzen ist also erstrebenswert.

Bei der zweiten Komponente des magischen Dreiecks, Finanzen, geht es aber nicht nur darum, genug Geld zu besitzen, sondern auch darum, damit vernünftig umzugehen. Jemand, der 10.000 Euro im Monat verdient, kann schnell in finanzielle Schwierigkeiten kommen, wenn er im gleichen Zeitraum 20.000 Euro ausgibt. Eine vermietete Eigentumswohnung, die sich normalerweise selbst trägt, kann finanzielle Schwierigkeiten verursachen, wenn der Mieter seiner finanziellen Verpflichtung nicht nachkommt und die Miete nicht zahlt.

Man muss seine „Finanzflüsse" unter Kontrolle haben. Das mag sich etwas barsch anhören, da Kontrolle nicht jedermanns Sache ist. Aber ganz ohne Kontrolle geht es im Leben nicht. In Bezug auf Finanzen bedeutet es, dafür zu sorgen, dass die „Geldflüsse" zu einem hin und von einem weg stimmen und sich im richtigen Verhältnis zueinander befinden. Das hat viele Schattierungen.

Beispielsweise sollten Sie Ihren finanziellen Verpflichtungen nachkommen. Also Ihre Rechnungen prompt oder zumindest innerhalb der gesetzten Zeit bezahlen. Und keine Ausgaben tätigen, die Sie nicht begleichen können. In der Hoffnung, es in Zukunft bezahlen zu können, sollten Sie nichts kaufen. Geben Sie nur Geld aus, das Sie bereits verdient haben und das sich in Ihren Händen oder auf Ihrem Bankkonto befindet.

Nutzen Sie grundsätzlich keinen Dispo. Falls Ihnen Ihre Bank einen gewährt, behalten Sie ihn als Liquiditätsreserve, aber verfallen Sie nicht in die Gewohnheit, Ihr Konto zu überziehen. Da die Zinsen für geduldete Kontoüberziehungen hoch sind, ist es teures Geld. Darüber hinaus kann ein Dispo von der Bank nach eigenem Ermessen reduziert oder gekündigt werden. Anders als bei einem echten Kredit existiert kein Vertrag. Wenn es Ihre Bank aus irgendeinem Grund für angemessen erachtet, kann sie Ihren Dispo kurzfristig kündigen und Sie so in Schwierigkeiten bringen. Einen Dispo zu nutzen bringt Sie also in eine potenzielle Wirkungsposition. Was Sie aber stattdessen bezüglich Finanzen anstreben, ist eine Ursacheposition!

Der Grundsatz, nicht mehr Geld auszugeben, als man verdient, ist absolut wichtig. Und das schließt alle Ausgaben ein, auch Steuern und andere Abgaben, die man, inbesondere als Freiberufler, gerne übersieht. Das Finanzamt tut das nie, also sollten Sie es auch nicht. Wenn Sie mehr Geld ausgeben wollen, müssen Sie vorher mehr verdienen. Das ist die einfache Wahrheit. Es ist egal, ob das durch Ihre Arbeit oder lohnende Immobilieninvestitionen geschieht, aber Sie müssen das Geld erst verdienen, bevor Sie damit etwas kaufen können. Nehmen Sie niemals Kredite für Konsum auf, der Ihnen keinen bleibenden Wert einbringt. Auch eine Immobilie finanzieren Sie nur deshalb, weil Sie mit dem Geld etwas Wertvolles erwerben. Ist das nicht der Fall, etwa, weil die Immobilie nicht so viel wert ist wie der Kaufpreis, sollten Sie sich dafür kein Geld leihen.

Kontrolle über Finanzen schließt auch und in besonderem Maße Ihre Tätigkeit als Vermieter ein. Sie müssen sich um die finanziellen Angelegenheiten Ihrer Immobilien kümmern und dürfen diese nicht schleifen lassen. Dazu gehört, die Mietkonten, auf denen die Mieten eingehen, regelmäßig zu prüfen und beim Ausbleiben von Zahlungen zu mahnen. Wie das im Detail vonstatten geht, habe ich in einem früheren Kapitel erwähnt. Wichtig ist, dass es getan wird. Als Vermieter muss man sich darum kümmern. Und wenn man jemanden hat, der sich um die

Mietverwaltung kümmert, muss er sich darum kümmern. Ihnen als Vermieter obliegt es dann, die Arbeit der Mietverwaltung zu überprüfen.

Ich habe schon einige Immobilienkäufer gesehen, die sich eine Eigentumswohnung angeschafft und sich dann nicht mehr darum gekümmert haben. Die alles einer Hausverwaltung überlassen haben, die sich ebenfalls nicht darum gekümmert hat, so dass die ganze Unternehmung in eine unangenehme Schieflage geriet. So weit dürfen Sie es nicht kommen lassen. Behalten Sie die Kontrolle über Ihre persönlichen Finanzen und die Ihrer Immobilien.

Zum Bereich Finanzen zählt natürlich auch die Zahlung der Kreditraten. Das muss gewährleistet sein. Tatsächlich ist das einer der Aspekte, der das ganze Immobilieninvestment zum Scheitern bringen kann. Behalten Sie auch diesbezüglich Ihre Konten im Auge. In der Praxis läuft das gewöhnlich fast automatisch ab. Die Mieter zahlen die Miete, Banken buchen die Kreditraten ab und die Hausverwaltungen die monatlichen Vorauszahlungen. Und jeden Monat erhöht sich Ihr Vermögen, weil mit jeder gezahlten Kreditrate die Restschuld der Darlehen sinkt und die Immobilie im Wert steigt. Sie müssen nur ein Auge auf die Mietzahlungen haben und Abhilfe schaffen, wenn einige davon nicht pünktlich oder gar nicht eingehen. Gewöhnlich sind Mietausfälle im unteren einstelligen Prozentbereich üblich. Das sollten Sie entsprechend einkalkulieren, dann müssen Sie sich darüber keine Sorgen machen.

3. Management: Der Weg zu hoher Effizienz

Effizienz bedeutet mit möglichst geringem Aufwand möglichst viel zu erreichen. Hohe Effizienz bedeutet gleichsam hohe Lebensqualität. Wenn Sie im Durchschnitt jede Woche nur ein oder zwei Stunden Zeit für das Management Ihres Immobilienvermögens aufwenden müssen, ist das angenehm. Sind aber zehn bis zwanzig Stunden nötig, zusätzlich zu Ihrem eigentlichen Beruf, so stellt das schnell eine Belastung dar.

Wie erreicht man Effizienz?

Zum einen, indem man sich in der Materie auskennt. Mit der Zeit eignet man sich Erfahrung an, lernt mit verschiedenen Situationen umzugehen. Ein Mieter ruft an und präsentiert eine Situation, etwa einen tropfenden Wasserhahn. Wenn man weiß, wie man damit umgehen soll, ist die Angelegenheit schnell und reibungslos erledigt. Man steht dann nicht vor einem Problem und muss keine Zeit investieren, um sich eine Lösung zu überlegen.

Auch muss man wissen, um welche Angelegenheiten man sich als Vermieter kümmern muss und um welche nicht. Wenn sich eine Mieterin beschwert, dass ihre Nachbarn beim Koitus ihrer Meinung nach zu viel Lärm verursachen, ist das eine Sache, die eigentlich wenig mit Ihnen zu tun hat und die sie selber klären sollte. Manche Mieter versuchen, einen in ihre Probleme einzubeziehen, weil sie zu schüchtern sind oder warum auch immer. Manchmal ist es sinnvoll, zu helfen. Und natürlich sollte bei Ihnen als Vermieter eine Bereitschaft, Situationen in Ordnung zu bringen, vorhanden sein. Allerdings müssen Sie sich nicht um alles kümmern, keineswegs. Da gilt es, eine klare Grenze zu ziehen. Der Mieter erhält durch den Mietvertrag das Recht darauf, eine Wohnung zu bewohnen. Es ist kein Full-Service-Lebensmanagement-Vertrag.

Genau, wie man Autofahren lernen kann, kann man auch lernen, mit Immobilien umzugehen. Die Materie ist etwas umfangreicher, natürlich. Dafür läuft es weniger schnell, als wenn man auf der Straße unterwegs ist. Man muss nicht innerhalb von Sekunden reagieren und entscheiden. Das ist das Schöne an Immobilien: Man hat Zeit, sich Dinge durch den Kopf gehen zu lassen und Lösungen zu finden

Zum Immobilien-Management gehört auch, Aufgaben zu delegieren beziehungsweise auszulagern (outsourcen). Insbesondere, wenn sich die Zahl Ihrer Immobilien vergrößert, ist es an der Zeit, einige Aufgaben abzugeben. Ich hatte diesbezüglich bereits den Hauswart erwähnt, der Ihnen viel Arbeit und eine Menge Probleme abnehmen kann. Eine Mietverwaltung kann auch eine praktikable Lösung sein.

Ein privater Anleger, der sich innerhalb weniger Jahre rund 200 Eigentumswohnungen angeschafft hatte und nebenbei weiterhin seiner Arbeit nachging, hat seinen „privaten Immobilienfonds" so organisiert, dass er eine Person fest beschäftigt hat, die sich um alles kümmerte, und eine zweite, die in Notfällen herangezogen werden konnte. Darüber hinaus wurden, wenn es nötig war, Fachfirmen beauftragt, etwa, um neue Badewannen einzubauen und dergleichen, Arbeiten also, die man besser von Spezialisten erledigen lassen sollte. Für die Abrechnungen verwendete er entsprechende Software.

Auch beim Thema Management ist Kontrolle vonnöten. Man muss wissen, wem man welche Aufgabe übertragen kann, und kontrollieren, wie gut er sie erfüllt. Es kann eine Weile dauern, ein gutes Team zusammenzustellen. Manch einer erfüllt die an ihn gestellten Erwartungen nicht. In dem Fall muss man entsprechend umdisponieren. Darüber hinaus können veränderte Situationen, etwa eine Vergrößerung des Immobilienbestands, eine Umgestaltung oder Erweiterung des Teams nötig machen.

Das magische Dreieck
Wir leben in einer komplexen Welt. Entsprechend gilt es viele Faktoren zu berücksichtigen, um erfolgreich zu sein und ein gutes Leben zu führen. Früher wurde oft nach der einen Sache gesucht, die alles zum Guten wenden oder zu Erfolg führen sollte. Tatsächlich wurden viele für Erfolg wichtige Bestandteile gefunden.

Diejenigen, die ich für gesteigerte Lebensqualität mittels Immobilien für wichtig erachte, sind die drei, die ich oben beschrieben habe. Vielleicht fallen Ihnen weitere ein. Gut. Machen Sie sich Gedanken zu dem Thema. Werten Sie die Informationen, die ich Ihnen gegeben habe, aus, und entscheiden Sie, was diejenigen Aspekte sind, die *Ihnen* wichtig erscheinen. Letztlich müssen Sie damit denken, wenn Sie erfolgreich werden wollen. Und wenn Sie es schaffen, an der Sache Ihre Freude zu haben, mit Immobilien, Mietern und all dem Drumherum umzugehen, dann können Sie langfristig mit Immobilien erfolgreich sein. Sollten Sie irgendwann keine Lust mehr darauf haben, können Sie Ihr Immobilienvermögen verkaufen, an Ihre Nachkommen verschenken oder damit machen, was immer Ihnen beliebt.

Da wir gerade beim Thema Erfolg sind, möchte ich Ihnen noch ein paar weitere Konzepte mit auf den Weg geben.

Zeit ist Geld
Zeit und Geld stellen im menschlichen Leben wichtige Faktoren dar. Von beiden stehen uns in einer Lebensspanne nur beschränkte Mengen zur Verfügung. Wenn man jung ist, hat man gewöhnlich viel Zeit und wenig Geld. Im Alter ist es, wenn man alles richtig gemacht hat, anders herum. Hat man sich nicht um seine Finanzen gekümmert, hat man weder Zeit noch Geld. Stattdessen sucht man einen Schuldigen für die eigene, unbefriedigende Lebenssituation, was aber gewöhnlich auch nicht viel bringt.

Es existiert dabei eine weitere Betrachtungsweise. Wie sieht es aus, wenn man kein Vermögen besitzt? Dann kostet einen Zeit Geld. Anders ausgedrückt: Jeder Tag kostet Geld in Form von Aufwendungen für Essen, Unterkunft, Versicherungen etc. Man kann sich nicht entspannt zurücklegen und sagen: „Oh, ich warte eben eine Woche, dann hat sich mein Vermögen wieder vergrößert." Nein! Stattdessen muss man arbeiten, um mit den Ausgaben Schritt zu halten.

Besitzt man ein ausreichend großes Immobilien-vermögen, ändert sich das. Die Lebenshaltungs-kosten bleiben natürlich, aber man verdient, vernünftige Investitionen vorausgesetzt, jeden Tag Geld, im Idealfall mehr, als man ausgibt. Das bedeutet nicht, dass man nicht mehr arbeiten sollte, aber man muss nicht. Der Zwang ist weg, der ständige Kampf ums finanzielle Überleben verschwunden. Wenn man diesen Punkt erreicht hat, arbeitet die Zeit *für* und nicht mehr gegen einen, zumindest in finanzieller Hinsicht.

Mit Lucky Strike zum Erfolg?
Manch einer wartet auf den richtigen Augenblick, die passende Idee, das grandiose Produkt, das ihn erfolgreich und vermögend werden lässt. Er sucht den *Lucky Strike*, den *Glückstreffer*. Das äußert sich gewöhnlich darin, dass er mit einer Sache, die er für aussichtsreich betrachtet, anfängt und sie nach kurzer Zeit fallen lässt, um sein Glück mit etwas anderem zu versuchen. Er weiß nicht, dass Zeit erforderlich ist, bis sich auf einem Gebiet

Erfolg einstellt. Gewöhnlich dauerte es Monate, manchmal Jahre, bis man wirklich erfolgreich wird. Das ist in diesem Universum eben so. Im Verstand kann man sich die tollsten Dinge ausmalen, frei nach dem Songtext „Das ist alles nur in meinem Kopf" von Andreas Bourani. Im Universum um uns herum muss man arbeiten, Dinge bewegen und Zeit investieren, um etwas zustande zu bringen.

Wenn man erfolgreiche Menschen betrachtet, sieht man gewöhnlich nur deren Erfolg, aber nicht das, was dahin geführt hat. Nehmen Sie etwa die Beatles. Bis zu ihrem Durchbruch 1962 haben sie viele Jahre lang gearbeitet, nur, um sich über Wasser zu halten. Dazu gehörten Auftritte vor kleinem Publikum, richtig magere Zeiten und sogar das Spielen in einem Stripclub. * Wenn Sie wirklich erfolgreiche Menschen unter die Lupe nehmen, werden Sie erkennen, dass es gewöhnlich Jahre gedauert hat, bis sie ihren Durchbruch geschafft haben und wirklich erfolgreich wurden. Da wir sie aber gewöhnlich erst wahrnehmen, wenn sie berühmt sind, denken wir oft, dass sie quasi über Nacht erfolgreich geworden sind. Dem ist aber tatsächlich nicht so.
(* Quelle: Wikipedia, Stichwort *Beatles*)

Das war in meinem Fall nicht anders: Ich war gerade zwanzig Jahre alt, hatte meine Metzgerlehre abgeschlossen, als ich auf eine Zeitungsannonce hin zum ersten Mal mit Immobilien in Kontakt kam. Jemand hatte Mitarbeiter für Förderung im Bereich Management gesucht, wobei es sich, wie mein Bruder und ich herausfanden, tatsächlich um den

Verkauf von Immobilien handelte. Da wir beide Metzger waren, dem Beruf aber nichts abgewinnen konnten, waren wir auf der Suche nach einer neuen Beschäftigung. Und so begaben wir uns auf das neue, für uns abenteuerliche, Terrain. Tatsächlich erzielten wir schnell einen gewissen Teilerfolg, weil man zur damaligen Zeit für jede Besichtigung vom Interessenten 20 Mark Einschreibegebühr verlangen konnte. Da kamen schnell ein paarhundert Mark zusammen. Das war nicht viel Geld, aber auch nicht wenig.

Am 1. August 1968 eröffneten wir unser gemeinsames Immobilienbüro, in Düsseldorf, Am Wehrhahn, nicht weit von meinem aktuellen Firmensitz entfernt. Dabei lief aber, besonders in der Anfangszeit, nicht alles reibungslos. Es gab unter anderem Probleme mit meinem Bruder, der 1971 aus der Firma ausstieg. Dafür wurde meine Frau Marieta Teil des Teams. Zusammen sind wir – privat wie auch geschäftlich – durch dick und dünn gegangen. Es gab viele Herausforderungen, die wir zu meistern hatten. Zu viele, um sie hier alle aufzuführen. Doch wir haben es geschafft, damit klar zu kommen. Wir haben nicht aufgegeben, sind unseren Weg gegangen. Dabei war es sicher ein Pluspunkt, dass wir in einem Beruf tätig waren, der uns Spaß gemacht hat. Das gab uns eine Menge Rückhalt. Wenn man etwas gerne tut, gibt einem das Energie, weiterzumachen. Und das haben wir gemacht, bis zum heutigen Tage. Und obwohl wir uns schon längst zur Ruhe hätten setzen können, arbeiten wir immer noch gern in der Branche. Wir erschaffen, kreieren unseren Job jeden Tag und haben deshalb Freude daran.

Was ich in all den Jahrzehnten gelernt habe, ist Folgendes:

Werte schaffen ist keine Frage eines glücklichen Händchens oder Lucky Strike, sondern eines vorausschauenden, auf Nachhaltigkeit ausgerichteten Handelns!

Das ist es, was Erfolg ausmacht!

Das ist auch das, was ich Ihnen ans Herz legen möchte.

Und das ist es ebenfalls, was ich antworte, wenn mich jemand fragt, ob man nicht lieber in Bitcoins oder derartige Währungen investieren sollte. Diese Thematik ist interessant, keine Frage, aber letztlich im Moment noch ein Glücksspiel. Vielleicht kann man damit reich werden, vielleicht aber auch nicht. Nur: Ist es nachhaltig? Und was wird dabei eigentlich geschaffen, das einen Wert hat? Klar, man kann darin investieren, sollte aber nicht seine ganze Aufmerksamkeit darauf verschwenden. Glücksspiel kann funktionieren. Es hängt von Ihnen ab, Ihrer Einstellung, ob Sie spielen wollen oder sich lieber mit etwas beschäftigen, das auf Nachhaltigkeit ausgerichtet ist.

Vorausschauendes Handeln beinhaltet, sich über die Konsequenzen dessen, was man entscheidet und tut, im Klaren zu sein. Vielen Menschen geht diese

Fähigkeit heute ab. Nehmen Sie nur die Kriminellen, denen nicht klar ist, dass sie durch ihre Verbrechen letztlich hinter Gittern landen und ein Leben in Angst führen. Oder die Umweltverschmutzer, die das Überleben für ihre Kinder und Kindeskinder schwieriger machen. Die Kriegstreiber, die den Tod von Tausenden einkalkulieren, um Geschäfte zu machen. Es sind viele, die, aus welchen Gründen auch immer, nicht über die Zukunft nachdenken. Sie kultivieren eine „Nach mir die Sintflut"-Einstellung. Spielen Sie dieses Spiel einfach nicht mit, denn das müssen Sie nicht. Es gibt viele Wege, mit zukunftsorientierten Projekten erfolgreich zu sein. Immobilien sind eines der Werkzeuge dafür. Sicher sind auch andere möglich.

Letztlich haben Sie die Wahl. Entscheiden Sie sich für die Immobilie? Wenn ja, dann können Sie die in diesem Buch dargelegten Konzepte nutzen. Und zwar so, wie Sie es für richtig halten, wie es für Ihre Situation passt. Und können so Erfolg mit Immobilien und Lebensqualität erreichen!

Zusammenfassung:

1. Das magische Dreieck besteht aus folgenden Komponenten:
(1) Immobilien
(2) Finanzen
(3) Management

2. Bei all den Vorteilen, die Immobilien bieten, darf man nicht vergessen, dass sie ein <u>Werkzeug</u> darstellen, ein <u>Mittel zum Zweck</u>.

3. Wenn Immobilien Energiequellen darstellen, also quasi Kraftwerke oder Generatoren, dann sind die Finanzen (Geld) die Energie selbst, die damit kreiert wird.

4. Man muss seine „Finanzflüsse" unter Kontrolle haben. In Bezug auf Finanzen bedeutet dies, dafür zu sorgen, dass die „Geldflüsse" zu einem hin und von einem weg stimmen und sich im richtigen Verhältnis zueinander befinden. Das hat viele Schattierungen.

5. Effizienz bedeutet mit möglichst geringem Aufwand möglichst viel zu erreichen. Hohe Effizienz bedeutet gleichsam hohe Lebensqualität. Die erreicht man, indem man sich Erfahrung aneignet und Aufgaben delegiert beziehungsweise outsourct.

6. Es ist Zeit erforderlich ist, bis sich auf einem Gebiet Erfolg einstellt. Geben Sie also nicht zu früh auf!

7. Werte schaffen ist keine Frage eines glücklichen Händchens oder Lucky Strike, sondern eines vorausschauenden, auf Nachhaltigkeit ausgerichteten Handelns!

Nachwort

Willkommen am Ende dieses Buches!

Und nun?

Letztlich ist entscheidend, was Sie erreichen wollen. Natürlich geht es beim Erwerb von Immobilien um das Erreichen von Zielen. Wenn Sie mit einer selbstgenutzten Immobilie zufrieden sind, ist das Ihr Ziel. Entsprechend arbeiten Sie eine Strategie aus, um das zu erreichen. Wollen Sie mehr, mehr Immobilien, mehr Vermögen, müssen Sie die Strategie ändern. In diesem Fall empfiehlt es sich gewöhnlich, mit einer Kapitalanlage- immobilie einzusteigen und darauf aufzubauen.

Wie viele Immobilien Sie besitzen wollen, müssen Sie selbst entscheiden. Letztlich geht es mir dabei darum, Ihnen zu helfen, Ihre Lebensqualität zu steigern. Das erreicht man nicht unbedingt dadurch, dass man mehr und mehr Immobilien kauft und dann mit der Verwaltung Stress hat. Ich weiß von einem großen Wohnungsunternehmen, das 3.000 Wohnungen besaß, aber auch 2.000 Gerichts- prozesse laufen hatte. So funktioniert das Spiel nicht. Streit bringt keine Lebensqualität. Wenn man auf Biegen und Brechen versucht, die höchstmögliche Miete aus Mietern heraus- zupressen, und sich nicht um sein Eigentum kümmert, nur nehmen will, ohne zu geben, gibt es Ärger. Und darunter leidet natürlich die Lebensqualität.

Wichtig ist, dass Sie an der Erreichung Ihrer Ziele arbeiten. Dass Sie das machen, was *Sie* machen wollen. Wenn Sie mit fünf vermieteten Wohnungen und den eigenen vier Wänden zufrieden sind, prima. Arbeiten Sie daran, das zu erreichen! Wenn Sie zehn Kapitalanlageimmobilien wollen, auch gut. Vielleicht möchten Sie auch jedem Ihrer Kinder oder Enkel irgendwann eine Wohnung schenken. Hervorragend! Es geht um das, was Sie wollen, was Sie glücklich macht, nicht irgendjemand anderen. Mir ging es in diesem Buch darum, Ihnen Möglichkeiten und Chancen aufzuzeigen. Klar zu machen, was man mit Immobilien erreichen kann. Wie man sie nutzen kann, um die eigene Lebensqualität zu steigern.

Ich hoffe, das ist mir gelungen.

Viel Erfolg!

Ihr

Klaus Kempe

Wie hat Ihnen dieses Buch gefallen?

Ich höre gerne von meinen Lesern.

Es würde mich freuen, wenn Sie sich einen Augenblick Zeit nehmen würden, um mir zu schreiben, wie Ihnen das Buch gefallen hat.

Sie können mich per E-Mail unter **k.kempe@immobilienboerse.com** erreichen.

Oder schreiben Sie mir an:

Klaus Kempe
Achenbachstraße 23
40237 Düsseldorf

Im Internet finden Sie weitere Informationen rund um die Kempe GmbH, Immobilien und meine Person unter:

www.immobilienboerse.com

www.klaus-kempe.de

www.dersachwertberater.de

www.dieerfolgsampel.de

www.immobilienkauf-richtig.de

www.analyse-immobilien.de

Kempe-Brief

318

Kempe-Depesche

Immobilien-Forum

Zu meiner Person

Es ist ein langjähriger Wunsch von mir, mein Wissen und meine umfangreiche Erfahrung aus **50 Jahren Immobilienmakeln** an Menschen weiterzugeben. Warum? Weil ich zutiefst davon überzeugt bin, dass Immobilienbesitz ein Mittel zum Zweck ist, dem Menschen zu mehr Lebensqualität und Erfolg zu verhelfen. Mit Immobilien kann man sich echte Werte schaffen.

Klingt das abgedroschen?

Wahrscheinlich schon. Aus der Praxis weiß ich aber, dass es in diesem Bereich viele falsche Informationen gibt und Leute keine oder falsche Entscheidungen zur Absicherung ihrer Zukunft treffen. Ich möchte an dieser Stelle gerne helfen, wahre und korrekte Informationen zur Verfügung zu stellen. Das ist mein Ziel mit diesem Buch, meinen Websites und anderen Publikationen.

Hier ein Beispiel: Als Immobilienmakler geht es nicht um den eigenen Nutzen – das habe ich selber auf die harte Tour lernen müssen. Es geht vielmehr darum, dass das Geschäft für beide Seiten interessant sein muss und sowohl Käufer als auch Verkäufer einen klaren Nutzen davon haben sollen.

Das war aber ehrlich gesagt nicht immer meine Gesinnung: 1981 war ich nach 13 Jahren erfolgreicher Maklertätigkeit körperlich am Ende. Mein linkes Bein war gelähmt und die Mediziner hatten dafür keine Erklärung. Diese Lähmung war rein stressbedingt, denn körperlich war alles o.k. Ich war damals erst Mitte dreißig und hatte bis dahin praktisch rund um die Uhr mit dem Fuß auf dem Gaspedal, Vollgas auf der Überholspur gelebt und gearbeitet. Zu dieser Zeit war meine Motivation, mit Immobilien Geld zu verdienen. Das war's. Mehr nicht. Ich hatte Erfolg, aber der Preis war hoch. Erst da wurde mir klar, dass Geld wirklich nur ein Mittel zum Zweck ist und ich dringend meine Einstellung ändern musste. Zum Glück für mich und meine Familie habe ich das auch beherzigt, sonst hätte mein Leben eine ganz andere Wendung genommen.

So, wie es mir erging, geht es vielen Kollegen in dieser Branche. Erst neulich erzählte mir ein befreundeter Makler, dass er bereits zwei Herzinfarkte hinter sich hätte und körperlich am Ende sei – und das mit 32 Jahren!

Der Stress in diesem Berufszweig ist hoch und der Umgang mit Geld und Vermögenswerten heutzutage noch schwieriger. Man erhält nicht viel uneigennützige Hilfe von außen (siehe z. B. die Banken). Mein Wunsch wäre es deshalb, Ihnen in Zukunft dabei behilflich zu sein, echte Werte für sich selbst und andere zu erschaffen und den Stress für alle Beteiligten so niedrig wie möglich zu halten.

Ich bin seit 1968 mit Leib und Seele Immobilienkaufmann und feiere dieses Jahr mein 50. Jubiläum. Es steckt für mich eine Menge Herzblut in dieser Arbeit. Ich habe viele Häuser und Hotels gebaut, Bücher geschrieben, Wohnungen aufgeteilt und alles erlebt, was man in dieser Branche wohl erleben kann. Dabei ist mir eines klar geworden: Immobilien dienen wirklich nur dem einen Zweck und das ist, wie schon oben erwähnt, der Verbesserung der Lebensqualität von einem selbst, seiner Familie oder anderen.

Ganz herzliche Grüße

Klaus Kempe
Immobilienkaufmann aus Leidenschaft

Las, but not least: Die Kempe-Akademie

Seit vielen Jahren schon bilden wir bei der *Kempe Immobilien GmbH* junge und nicht mehr ganz so junge Menschen in Bezug auf das Thema Immobilien aus. Dabei kommt uns die langjährige Erfahrung unserer Mitarbeiter zugute.

Die Grundlage bildet die Lehre zur *Immobilienkauffrau* bzw. zum *Immobilienkaufmann*. Sie dauert drei Jahre, setzt sich, wie bei einer Lehre üblich, abwechselnd aus drei Wochen Arbeit und Schulung im Betrieb und einer Woche Schule zusammen. Am Ende steht die Zertifizierung durch die Schule und IHK. Als Lehrberuf ist sie vor allem für Schulabgänger interessant.

Eine weitere Lehre, die man bei uns absolvieren kann, ist die der *Hotelkauffrau* bzw. des *Hotelkaufmanns*. Dabei gelten dieselben Rahmenbedingungen wie bei der obigen Lehre.

Um als junger Mensch in die obigen Berufe hineinzuschnuppern, ist das *Schülerpraktikum* da, für das man sich in unserem Hause anmelden kann.

Die Ausbildung zum *Immobilienökonom* dauert anderthalb Jahre, ist berufsbegleitend und schließt Schule an Freitagen und Samstagen mit ein. Auch hiermit ist ein Abschluss verbunden.

Daneben bilden wir auch Menschen aus, die *Immobilienmakler* werden wollen. Zwar ist es im Moment generell noch möglich, den Maklerberuf auch ohne Ausbildung auszuüben, allerdings ist das in Anbetracht des Wissens, das für diese Profession nötig ist, nicht zu empfehlen. Tatsächlich verlangen verschiedene Gewerbeämter auch eine gewisse Berufserfahrung, bevor sie die nötige Genehmigung ausstellen. Bei dieser Ausbildung geht es vor allem darum, dem Auszubildenden etwas zu vermitteln, das er *tun* kann. Es ist also kein theoretischer Kurs, sondern die nötige Menge Theorie zusammen mit viel praktischer Anwendung. Das schließt etwa die Durchführung von Besichtigungen, Erstellen von Exposés und Nebenkostenabrechnungen, Verwaltung eines Hauses, Hausmeistertätigkeiten, Management, Renovierungen und Verkauf ein. Viele Unterschritte, die sich zum umfassenden Berufsbild zusammenfügen. Diese Ausbildung eignet sich insbesondere für Quereinsteiger, die mit der Materie Immobilie vertraut werden wollen.

Von der letztgenannten Ausbildung können natürlich auch gerne nur einzelne Teile in Anspruch genommen werden, etwa zum Thema Management oder Verkauf.

Ich spiele darüber hinaus mit der Idee, eine Stiftung zu gründen, die dem Vermitteln von Wissen rund um die Immobilie gewidmet sein wird. Das ist ein Traum von mir. Wenn es so weit ist, dass er Gestalt annimmt, werde ich das auf unseren Internet-Seiten bekannt geben.

Anhang

1. Vollständige Checkliste für den Kauf von Wohnimmobilien

Umfeld
Qualität der Lage
(Z.B. ruhig, verkehrsreich, lärmbelastet durch Gewerbe)
Bebauung des Gebietes/der Straße
(Z.B. Hochhäuser, Einfamilienhäuser, dicht oder weiträumig)
Verkehrserschließung
(S-/U-Bahn oder Bushaltestelle vorhanden, Durchgangs-/Anliegerstraße)
Zustand der Nachbarobjekte
(Z.B. neu, renoviert, alt, vernachlässigt)
Einkaufsmöglichkeiten
(Gleich nebenan, zu Fuß erreichbar, mit Auto oder öffentlichen Verkehrsmitteln)
Schulen/Arbeitsplätze
(In der Nähe oder entfernt in Geh- bzw. Fahrminuten)
Entwicklung
(Ist die Gegend „in" oder „out"? Ist Wertzuwachs möglich?)
Bewohner
(Ausgewogener „Mix", bestimmte Berufs- oder Altersgruppen vorherrschend?)

Grundstück
Parkmöglichkeiten
(Wie viele Stellplätze, Garagen?)
Zugang
(Gehweg, Treppen, breit und gepflastert, ausreichende Garagenzufahrt)
Anlage
(Rasen ringsherum, Bäume, eingezäunt, frei zugänglich)

Besonderheiten
(Z.B. Hanglage, Hochwassergefahr in Flussnähe)
Grundstücksausrichtung
(Idealerweise Südwestlage)
Helligkeit
(Schatten durch Nachbargebäude oder Bäume)
Abstand
(Dicht, weitläufig, angrenzende Nachbargebäude)
Zustand
(Wege, Treppen, Grünanlage in Ordnung oder
vernachlässigt)
Bemerkung
(Schuttablagerungen, Geruchs- und Lärmbelästigungen,
Müllentsorgung problemlos)

Objekt-Außenbesichtigung
Bauweise
(Massivbau, Fertigbauweise, Fachwerk)
Fassade
(Verputzt, verkleidet, gestrichen)
Fassadengestaltung
(Modern, klassisch, repräsentativ, primitiv)
Höhe
(Anzahl der Geschosse bzw. Lage der
Eigentumswohnung)
Dachform
(Flachdach, Satteldach, Pultdach)
Technik
(Dachrinnen komplett, Türen und Fenster in
Ordnung/defekt)
Zustand
(Einwandfrei, vernachlässigt, reparaturbedürftig)
Besonderheiten
(Risse in der Fassade, unpassender Farbanstrich, ...)

Objekt-Innenbesichtigung – Flurbereich

Eingang
(Moderne Türschließ-/Gegensprechanlage,
Klingelschilder beachten wegen Mieter-Struktur)
Briefkästen
(Namensschilder, überquellender Inhalt wegen
Vermietungsstand beachten, vollständig, defekt)
Treppe/Aufzug
(Ausreichend dimensioniert, defekt/gepflegt)
Wände
(Anstrich hell und gepflegt/renovierungsbedürftig)
Besonderheiten
(Abgestellte Gegenstände, Beleuchtungs-Zeitschalter
funktioniert)

Objekt-Innenbesichtigung – Kellerbereich

Aufteilung
(Voll-/teilunterkellert, Kellerräume abschließbar,
separater Trocken- und Waschmaschinenraum)
Wände, Boden, Decke
(Verputzt, gestrichen und ausreichende Höhe)
Feuchtigkeit
(Nasse Stellen oder Schimmel, auf Geruch achten)
Belüftung, Beleuchtung
(Fenster, Schächte ausreichend/beschädigt)
Zustand
(Reparaturrückstau, Grundmauern solide)
Heizung
(Öl, Gas, Fernwärme, Elektroheizung)
Heizungsanlage
(Moderner/alter Brenner, Pumpen, genügend
dimensioniert)
Öltank
(Dicht, zugänglich, Bodenabdichtung okay)
Heizraumtür
(Brandschutztür vorhanden)
Wasser-/Abwasseranschluss

(Ver- und Entsorgungsanschlüsse ausreichend,
Leitungen dicht, Wasseruhr zugänglich, Rückstauventil
vorhanden)
Leitungszustand
(Genügend Wasserdruck, Vorsicht bei Rost im Wasser)

Objekt-Innenbesichtigung – Elektroinstallation
Sicherungskasten
(Zugänglich, übersichtliche Installation, auf VDE-
Zeichen achten, FI-Schutzschalter)
Leitungen
(Unter/über Putz, brüchig/flexibel, zwei- oder dreiadrig)
Steckdosen/Lichtschalter
(Ausreichende Anzahl, neuere/ältere Modelle)
Stromzähler
(Verplombt, eindeutig zu Wohnungen zuzuordnen)
Kabel-/Antennen- und Telefonanschluß
(Vorhanden in allen Wohnungen/zum Teil)

Objekt-Innenbesichtigung – Wohnungen
Gesamtzahl
(Mietparteien bei Mehrfamilienhäusern, Einheiten bei
Eigentumswohnanlagen)
Aufteilung
(1-Zimmer-Appartements, 2- und
Mehrzimmerwohnungen)
Wohnungsgröße
(Von ... m^2 bis ... m^2)
Zimmergrößen
(Ausreichend, übergroße Räume, keiner unter 10 m^2)
Balkon/Terrasse
(Vorhanden/zum Teil, an Süd- oder Südwestseite)
Zimmerhöhe
(Ausreichend etwa 2,50 m)
Wände
(Schallisoliert/hellhörig, Schrägen mindern m^2-Flächen)
Türen/Fenster

(In Schuss/renovierungsbedürftig, schließen und
abschließbar)
Rollläden
(Überall vorhanden/teilweise, funktionsfähig)
Heizung
(In jedem Raum ausreichend dimensionierte Heizkörper
mit Thermostatventilen)
Böden
(Teppichboden, Kacheln, stark verwohnt/neuwertig)
Warmwasser
(Ausreichende Menge, Anschlüsse in Küche und Bad
vorhanden)
Bad
(Moderne/antiquierte Sanitäreinrichtung,
sanierungsbedürftig, Anschlüsse defekt,
Feuchtigkeitsschäden sichtbar)
Küche
(Platz ausreichend für Einbauküche,
mitvermietet/Mietereigentum)
Helligkeit
(Ausreichendes Tageslicht)
Isolierung
(Wärmedämmung auf neuestem Stand/Nachholbedarf)
Besonderheiten
(Hohle Wände – ruhig klopfen – oder andere Schäden
bemerkt)

Dachgeschoss
Isolierung
(Dicht/feuchte Stellen, Wärmedämmung erkennbar)
Zustand
(Reparaturbedürftig, in den letzten Jahren Reparatur
durchgeführt – besonders bei Flachdächern)
Aufteilung
(Dachwohnung, Trockenraum oder noch ausbaufähig,
evtl. Baugenehmigung erfragen)

Garagen/Stellplätze
Anzahl
(Ausreichend pro Mietpartei, Extraeinnahmen)
Tiefgarage
(Betonschäden – meist durch Frost, Lärmbelästigung im
Parterre, Belüftung und Beleuchtung okay?)
Stellplätze
(Nur für Mieter reserviert oder auch Ärger mit
Fremdparkern?)

Service-Bereich
Freizeitmöglichkeiten
(Sauna, Schwimmbad, Tennisplatz, Bowlingbahn –
besonders bei großen Wohnanlagen außerhalb)
Gemeinschaftsräume
(Partykeller, Fahrradabstellplatz, Glas-
/Papiersammelstellen)
Gartenbenutzung
(Allen zugänglich oder Sondernutzung vereinbart,
Betreuung gewährleistet)
Kosten
(In Nebenkosten abgerechnet, akzeptabel zur
Ausnutzung)

Verwaltung/Bewirtschaftung
Verwalter
(Wer verwaltet zur Zeit das Objekt/Kosten)
Hausmeister
(Ist einer angestellt, Teilzeit-Basis)
Mietverträge
(Standardvordrucke – einsehen! Miethöhen, gezahlte
Kautionen prüfen)
Mietbuch
(Gibt es Zahlungsrückstände/sind Daueraufträge
eingerichtet?)
Nebenkosten

(Abrechnungsstau aus Vorjahren/genügend Deckung durch Vorauszahlungen)
Betriebskosten
(Überhöht/wirtschaftlich – Aufstellung einsehen)
Abrechnungsunterlagen
(Alle einsehen, geordnet/unübersichtlich)
Versicherungen
(Policen vorhanden, Wertangabe notieren)
Reparaturrechnungen
(Wegen Zustands-Analyse bei Altbauten besonders beachten)
Baupläne
(Stimmen Angaben über Baujahr und Flächen? Alle Umbauten genehmigt?)
Sonstiges
(Gibt es besondere Nutzungsrechte wie Wegerecht, Denkmalschutz?)
Einheitswert-Bescheid
(Wichtig für die steuerliche Bemessungsgrundlage – einsehen!)
Erschließungskosten/Anliegergebühren
(Bei Neubauten alle gezahlt/bei Gehwegbau noch zu erwarten)
Besonderheiten
(Unterlagen in Kopie mitnehmen zur Prüfung, fehlende Papiere nachreichen lassen)

Nur bei Eigentumswohnungen
Teilungserklärung
(Notariell beglaubigt, Angaben prüfen, Sondereigentum bezeichnet)
Gemeinschaftsordnung
(Stimmrecht pro Eigentümer oder Wohnungsanteil, Nutzungseinschränkungen für die Eigentumswohnung)
Verwalter
(Kosten, Abrechnungen ordentlich und komplett)
Beschränkungen

(Eigentumswohnung frei vermietbar/Vermietungshürden in Hausordnung)

Eigentümerversammlung

(Protokolle vorhanden, gibt es Probleme? Rückständige Hausgeldzahlungen?)

2. Checkliste für die Objekt-Ankaufsprüfung

1. Exposé
Entspricht das Exposé den Anforderungen (Ausführlichkeit, Sachlichkeit)?

2. Wohnflächenberechnung
A. Wohnflächenberechnung gemäß DIN 283
B. Jede Wohnung anhand der Pläne vom Bauamt prüfen
C. Aufstellung der vorhandenen Wohnungen mit Größe
D. Aufstellung der noch auszubauenden Wohnungen mit Größe
E. Sonstiges

3. Renovierungs- und Sanierungskosteneinschätzung
A. Aufstellung der Arbeiten für das Gesamtobjekt
B. Aufstellung der Arbeiten für jede Wohnung
C. Aufstellung der Kosten
D. Aufstellung der Zeit für die Renovierung
E. Sonstiges

4. Informationen über den Verkäufer
A. Welche Maklerfirma
B. Name und Anschrift des Eigentümers
C. Verkaufsgründe
D. Sonstiges

5. Bewertungsbogen
A. Wie viel Wohnfläche ist zu welchem Quadratmeterpreis vorhanden (Einkauf/Verkauf)
B. Wie viel Wohnfläche Renovierung und Sanierung, zu welchem Quadratmeterpreis (Einkauf/Verkauf)
C. Preis jeder einzelnen Wohnung (Einkauf/Renovierung/Verkauf)

Impressum

Immobilien-Erfolg
Echte Werte und Lebensqualität schaffen

Klaus Kempe

1. Auflage 2018
Copyright © 2018 by Kempe Immobilien GmbH

Der Autor hat bei seinen Recherchen größtmögliche Sorgfalt walten lassen. Es wird weder von ihm noch von der Kempe Immobilien GmbH eine Haftung für Folgen übernommen, die sich aus den Inhalten dieses Buches ergeben mögen.

Der Autor bedankt sich bei allen, die bei der Realisierung dieses Buches mitgewirkt haben.

Kempe Immobilien GmbH
Achenbachstraße 23
40237 Düsseldorf
Telefon 0211-9146660

Anregungen, Tipps, Lob und konstruktive Kritik werden dankend entgegengenommen. Und natürlich auch Hinweise auf Fehler, die trotz umfangreicher Lektoratsarbeit nicht immer zu vermeiden sind.

www.ingramcontent.com/pod-product-compliance
Lightning Source LLC
Chambersburg PA
CBHW052308220526
45472CB00001B/25